CLEVER ESSEN

Clevere KIDS

urania

CLEVER ESSEN Clevere KIDS

Über 100 Rezepte, die Kinder klüger machen

NICOLA GRAIMES

Translated from the book originally produced by Carroll & Brown Ltd.,
20 Lonsdale Road, Queen's Park, London NW6 6RD

Bibliografische Information Der Deutschen Bibliothek:
Die Deutsche Bibliothek verzeichnet diese Publikation in der Deutschen Nationalbibliographie; detaillierte bibliografische Daten sind im Internet über http://dnb.ddb.de abrufbar.

Verlagsgruppe Dornier GmbH
Postfach 80 06 69, 70506 Stuttgart
www.verlagsgruppe-dornier.de
www.urania-verlag.de

Der Urania Verlag ist ein Unternehmen der Verlagsgruppe Dornier.

Fotografie: Jules Selmers
Übersetzung aus dem Englischen: Jeanette Stark-Städele / Monika Cremer
Umschlaggestaltung: Behrend und Buchholz, Hamburg
Lektorat: Berliner Buchwerkstatt, Vera Olbricht
Satz: Berliner Buchwerkstatt, Britta Dieterle / Ulrike Sindlinger
Printed in Singapore
ISBN 3-332-01538-9

INHALT

EINFÜHRUNG

Alle Kinder verfügen bei der Geburt über eine gewisse Intelligenz. Doch können wir Eltern diese angeborene Intelligenz unserer Kinder durch eine gesunde Ernährung und einen bewussten Lebensstil verbessern? Diese Frage hat mich fasziniert und zu Nachforschungen veranlasst.

Von Geburt an erwerben Kinder ständig neue Fähigkeiten, vom ersten Lächeln zum Sprechen, vom Krabbeln zum Laufen und Rennen bis hin zum Lesen und Schreiben. Um all diese Funktionen und viele weitere Aufgaben zu erfüllen, ist ihr Gehirn auf eine qualitativ hochwertige Ernährung angewiesen. Um dies in seinem Ausmaß zu veranschaulichen folgende Fakten: Das Gehirn macht nur zwei Prozent des Körpergewichts aus, benötigt aber 30 Prozent des gesamten Energieverbrauchs des Körpers.

Mein Interesse an der Intelligenz der Kinder wurde weiter angeregt durch wissenschaftliche Hinweise darauf, dass sich die Leistungsfähigkeit des Gehirns durch die Zufuhr bestimmter Nährstoffe steigern lässt bzw. dass ein Mangel an nur einem Nährstoff bereits nachteilige Auswirkungen haben kann.

Nun, das mag ganz einfach klingen, aber, wie wir alle wissen, können Kinder in ihrem Geschmack und ihren Essgewohnheiten sehr wählerisch sein. Die meisten Eltern haben ihre eigenen Methoden, um ihre Kinder zum Essen zu veranlassen. Ich weiß, dass man gelassen bleiben und Auseinandersetzungen bei den Mahlzeiten vermeiden sollte. Ich weiß, dass man Kindern kein „Junkfood" anstelle von anständigen Mahlzeiten geben sollte, weil sie sonst nicht mehr essen wollen, was ihnen vorgesetzt wird. Und ich habe gelernt, dass man mit ein wenig Überredungskunst und einem abwechslungsreichen Speiseplan auf dem richtigen Weg ist. Meine Tochter war eine sehr schwierige Esserin; ihrer Meinung nach gab es Besseres zu tun, als sich hinzusetzen und eine Mahlzeit einzunehmen. Aber diese Phase ist glücklicherweise überstanden. Auch mein Sohn schien dann dieselben Essmacken zu entwickeln, doch anstatt ihm immer wieder Neues anzubieten, in der Hoffnung, dass er etwas davon essen wird, habe ich Ruhe bewahrt, wohl wissend, dass er schon essen wird, wenn er Hunger hat.

Eltern haben mit vielen Einflüssen zu kämpfen. Kinder werden von der Fernsehwerbung dazu verführt, nach bunter Limonade, Fastfood und Schokoriegeln zu verlangen, und die Freunde lachen Kinder aus, die „Gesundes" essen. Die Statistik zeigt Erschreckendes: Mehr Kinder als jemals zuvor sind übergewichtig (schauen Sie sich nur auf einem Spielplatz um) und tragen damit ein höheres Risiko, lebensbedrohende Krankheiten, wie Herzkrankheiten und Diabetes, zu entwickeln. Und schlimmer noch: Das soziale Stigma des Übergewichtig-Seins kann sich sehr nachteilig auf das Selbstwertgefühl eines Kindes auswirken.

Wir wollen alle das Beste für unsere Kinder. Wenn wir sie ausgewogen ernähren, geben wir ihnen den besten Start ins Leben. Die folgenden Empfehlungen bilden das Herzstück dieses Buches.

Der Verzehr der richtigen Nahrungsmittel und der Verzicht auf Junkfood bilden den entscheidenden ersten Schritt zur Versorgung des Gehirns mit den für seine Funktionstüchtigkeit erforderlichen Nährstoffen.

IHR AKTIONSPLAN ZUR FÖRDERUNG DER GEHIRNLEISTUNG

Der Verzehr der richtigen Nahrungsmittel und der Verzicht auf Junkfood bilden den entscheidenden ersten Schritt zur Versorgung des Gehirns mit den für seine optimale Funktionstüchtigkeit erforderlichen Nährstoffen.

Die Macht der Bewegung Einer neuen Studie zufolge sind 40–69 Prozent der Kinder weitgehend inaktiv – doch körperliche Bewegung ist von grundlegender Bedeutung für einen gesunden Körper und Geist. Laufen, Schwimmen und andere aerobische Sportarten steigern die Sauerstoffversorgung des Gehirns und fördern damit die Gedächtnisleistung und die Aufmerksamkeitsspanne.

Ein guter Start Studien haben gezeigt, dass ein gutes Frühstück der beste Weg ist, die Gehirnzellen zu aktivieren und damit Gedächtnis und Konzentration zu verbessern. Wichtig ist ein ausgewogenes Verhältnis von Eiweiß und Kohlenhydraten. Siehe Seite 41.

Wenig und oft Kinder haben im Verhältnis zu ihrer Größe einen hohen Energiebedarf und müssen daher regelmäßig kleine Mengen an energie- und nährstoffreichen Nahrungsmitteln zu sich nehmen. Regelmäßige Mahlzeiten und gesunde Zwischenmahlzeiten halten den Blutzuckerspiegel konstant und stellen eine regelmäßig Energieversorgung sicher. Siehe Seite 42.

Am besten frisch Obst und Gemüse sind von entscheidender Bedeutung für Gesundheit und Wohlbefinden und eine hervorragende Quelle für lebenswichtige antioxidanziell wirkende Vitamine und Mineralstoffe für das Gehirn. Einer britischen Untersuchung aus dem Jahr 2000 zufolge nehmen Kinder jedoch oft weniger als die Hälfte der täglich empfohlenen fünf Portionen Obst und Gemüse zu sich. Siehe Seite 20.

Fisch gehört dazu Neue Studien bestätigen, dass der Verzehr fettreicher Fische den IQ – schon vor der Geburt – steigern kann; für Kinder mit Legasthenie und ADHS ist Fisch besonders wertvoll. Siehe Seite 18.

Weg mit Junkfood Minderwertige, fett- und zuckerreiche Nahrungsmittel voller Zusatzstoffe tun niemandem gut; sie bringen den Blutzuckerspiegel durcheinander und rauben dem Körper lebenswichtige Nährstoffe. Siehe Seite 27.

Die Rolle von Eisen Studien haben gezeigt, dass Eisen eine positive Auswirkung auf den IQ hat; Eisenmangel ist jedoch verbreitet und wird in Verbindung gebracht zu Entwicklungsverzögerungen, Konzentrationsschwäche, Unruhe, Stimmungsschwankungen und Depression. Siehe Seite 17.

Lebenselexier Wasser Die meisten Kinder nehmen nicht genügend Wasser zu sich, stattdessen aber zu viele Limonadengetränke. Eine Dehydrierung kann Konzentration und intellektuelle Leistungsfähigkeit ebenso beeinträchtigen wie den Nährstofftransport im Körper. Siehe Seite 23.

Der Aufbau EINES LEISTUNGSFÄHIGEN GEHIRNS

Im Folgenden finden Sie eine Fülle an Ratschlägen, wie Sie bei Ihrem Kind die Leistungsfähigkeit des Gehirns fördern können. Nährstoffe, die besonders vorteilhaft wirken, werden vorgestellt; dabei gilt es jedoch zu berücksichtigen, dass alle Nährstoffe Teil einer insgesamt ausgewogenen Ernährung und eines aktiven Lebensstils sein sollten. Setzen Sie möglichst viele der hier angeführten Vorschläge um: Langfristige Verbesserungen der Ernährungsweise sollten bei Ihren Kindern beginnen – je jünger sie sind, desto besser ist es.

Ein helles KÖPFCHEN

Damit sich Ihr Kind gut entwickelt, braucht es vom Augenblick der Empfängnis an bestimmte Nährstoffe. Eine gesunde Ernährung während der Schwangerschaft trägt ganz wesentlich dazu bei, dass Ihr Baby einen gesunden Geist und Körper ausbildet. Wenn Sie die empfohlene „Gehirnnahrung" in Ihren Speiseplan aufnehmen, wird Ihr sich entwickelndes Baby mit wertvollen Nährstoffen versorgt.

Gesund essen in der Schwangerschaft

In den ersten Schwangerschaftswochen ist die Wahl der richtigen Nahrungsmittel von besonderer Bedeutung. Wenn Sie eine Schwangerschaft planen, ist es daher ratsam, sich schon vor der Empfängnis auf eine nährstoffreiche Ernährung umzustellen. Sollten Sie schon schwanger sein, machen Sie sich keine Sorgen: Achten Sie, sobald Sie wissen, dass Sie schwanger sind, auf eine bewusste Ernährung.

In den ersten sechs Schwangerschaftsmonaten brauchen Sie nicht mehr zu essen als bisher. Wichtig hingegen ist die Qualität der Nahrungsmittel. In der Schwangerschaft versorgen Sie sich und Ihr Baby. Wenn Sie die richtigen Nahrungsmittel zu sich nehmen, die reich an den richtigen Nährstoffen sind, begünstigen Sie nicht nur die Entwicklung Ihres Babys, sondern tragen auch wesentlich dazu bei, dass Sie eine gesunde Schwangerschaft genießen dürfen und nach der Geburt Ihres Babys hochwertige Muttermilch bilden.

Wählen Sie, wann immer möglich, frische statt verarbeitete Nahrungsmittel und essen Sie täglich mindestens fünf Portionen Obst und Gemüse, um die Versorgung mit Vitaminen, Antioxidanzien, Mineral- und Ballaststoffen sicherzustellen. Essen Sie möglichst viele verschiedene Obst- und Gemüsesorten. Ersetzen Sie Kaffee und Schwarztee durch koffeinfreie Kräutertees und Getreidekaffee.

VITAMINE

Das Gehirn Ihres Babys ist eines der ersten Organe, die sich nach der Empfängnis entwickeln. Für die Entwicklung von Gehirn und Nervensystem ist eine ausreichende Versorgung mit Folsäure, einem Vitamin der

B-Gruppe, unverzichtbar. Folsäure bildet in Verbindung mit Vitamin B_{12} neue Zellen und ist entscheidend wichtig für die Entwicklung der Wirbelsäule – ein Mangel kann Neuralrohrdefekte, wie Spina bifida, verursachen. Empfohlen wird daher, dass Frauen im Idealfall schon drei Monate vor der Empfängnis bis zur zwölften Schwangerschaftswoche täglich ein Folsäurepräparat (400 µg) einnehmen. Folsäure ist in bestimmten Nahrungsmitteln vorhanden (siehe rechts), die für eine erhöhte Folsäurezufuhr verstärkt verzehrt werden sollten. Folsäure wird beim Kochen leicht zerstört, daher sollten Sie Gemüse nur kurz garen oder roh verzehren.

Vitamin B_{12} wird für die Bildung roter Blutkörperchen benötigt. Es kommt in Hefeextrakt, Fleisch, Fisch, Milch- und Sojaprodukten sowie Eiern vor.

Es gibt neuerdings Hinweise darauf, dass Vitamin E und Vitamin C das Präeklampsie-Risiko in der Schwangerschaft senken können. Diese seltene Erkrankung verursacht einen für Mutter und Baby gefährlichen Anstieg des Blutdrucks. Vorbeugend wirken Vitamin-E-reiche Nahrungsmittel, wie Avocados, Sonnenblumenkerne und Distelöl, Mandeln und Haselnüsse sowie viel frisches Obst und Gemüse, das auch reich an Vitamin C ist. Vitamin C unterstützt darüber hinaus die Aufnahme des Eisens aus der Nahrung – ein weiterer sehr wichtiger Mineralstoff in der Schwangerschaft.

MINERALSTOFFE

Für die Ausbildung starker Knochen und eines gesunden Nervensystems benötigt das wachsende Baby Kalzium und Magnesium. In der Schwangerschaft kann der Körper der Mutter Kalzium besonders wirksam verwerten, dennoch ist auf eine ausreichende Aufnahme über Milchprodukte zu achten. Pflanzliche Kalzium- und Magnesiumlieferanten sind Sojamilch und grünes Blattgemüse, Melasse, Sardinen, dicke Bohnen und Sesamsamen.

Eine Eisenmangel-Anämie tritt in der Schwangerschaft häufig auf. Eisen benötigt der Körper zur Bildung von Hämoglobin, dem Bestandteil der roten Blutkörperchen, die Sauerstoff zum Fötus transportieren. In den ersten sechs Monaten nach der Geburt erhalten Babys eine gewisse Menge Eisen aus der Muttermilch oder der Milchnahrung; sie sind aber auch auf den Eisenvorrat in ihrem Körper angewiesen, den sie in der Schwangerschaft anlegen – auch deshalb ist eine ausreichende Versorgung mit Eisen in der Schwangerschaft so wichtig. Eisen kommt in rotem Fleisch, dunklem Geflügel, Eiern, grünem Blattgemüse, Trockenobst, angereicherten Frühstückscerealien, Vollkornprodukten, Nüssen und Hülsenfrüchten vor.

ESSENZIELLE FETTSÄUREN

Die Versorgung mit verschiedenen essenziellen Fettsäuren ist in der Schwangerschaft besonders wichtig. Fettreiche Meeresfische liefern die langkettigen, mehrfach ungesättigten Fette, DHA (Docosahexaensäure) und EPA (Eicosapentaensäure), die unverzichtbar für die Entwicklung von Augen und Gehirn sind. Schon vor der Empfängnis sowie während der Schwangerschaft und Stillzeit sollte auf eine ausreichende Versorgung geachtet werden, da 70 Prozent der Zellen, die das Gehirn eines Erwachsenen ausmachen, schon vor der Geburt gebildet werden.

Empfehlenswert sind zwei Portionen Fisch pro Woche, wobei eine aus fettreichem Meeresfisch, wie Thunfisch, Lachs, Sardinen, Hering oder Makrele, bestehen sollte.

Nährstoff KUNDE

GUTE FOLSÄURE-QUELLEN

- Nüsse & Samen
- Eier
- Angereicherte Frühstückscerealien, Weizenkeime, Brot & Mehl
- Gemüse & Linsen
- Avocados
- Grünes Blattgemüse, z. B. Spinat, Salat
- Brokkoli, Rosenkohl & Spargel
- Orangensaft

VOM SPEISEPLAN GESTRICHEN

Leber ist sehr reich an Vitamin A; ein Übermaß kann zu Schädigungen des Fötus führen.

Weichkäse und Blauschimmelkäse, wie Brie, Gorgonzola und Camembert, können Listerien enthalten; diese Bakterien können eine Fehl- oder Todgeburt verursachen.

Erdnüsse lösen immer häufiger allergische Reaktionen aus. Man geht inzwischen davon aus, dass sich bereits im Mutterleib eine erhöhte Empfindlichkeit gegen Erdnüsse ausbilden kann. Daher sollte der Verzehr während der Schwangerschaft eingeschränkt werden, vor allem wenn in der Familie Erdnussallergien, Heuschnupfen, Ekzeme oder Asthma vorkommen.

Rohe oder weich gekochte Eier können Salmonellen enthalten.

Haifisch, Schwertfisch und Blue Marlin oder mehr als zwei mittelgroße Konserven Thunfisch oder ein frisches Thunfischsteak pro Woche sollten schwangere Frauen und Frauen mit Kinderwunsch nicht verzehren, weil diese Fische viel Quecksilber enthalten. Quecksilber kann das Nervensystem des ungeborenen Kindes schädigen. Auch Königsmakrele und Torpedobarsch sollten aus demselben Grund nur in Maßen genossen werden.

Alkohol senkt den Zinkspiegel und gelangt über die Plazenta zum ungeborenen Kind. Im Übermaß genossen, kann er Missbildungen verursachen. Am sichersten ist es, auf Alkohol völlig zu verzichten – oder zumindest in den ersten Monaten und den Konsum danach auf ein oder zwei alkoholische Getränke pro Woche, am besten zu einer Mahlzeit, zu beschränken.

Koffein gelangt über die Plazenta ebenfalls zum Kind. Man vermutet einen Zusammenhang zwischen starkem Koffeinkonsum (mehr als sechs Tassen Kaffee täglich) und Nervenanomalien und niedrigem Geburtsgewicht beim Baby. Es wird empfohlen, in der Schwangerschaft eine Koffeinzufuhr von 300 mg täglich nicht zu überschreiten (siehe Seite 13). Koffein ist in Schwarztee, Kaffee, einigen Limonadengetränken und Schokolade enthalten. Schwarztee hemmt die Aufnahme von Eisen im Körper.

In einer norwegischen Studie wurde die kognitive Leistung von etwa 600 Säuglingen von der Geburt bis zum vierten Lebensjahr verfolgt, deren Mütter von der 18. Schwangerschaftswoche bis zum dritten Monat nach der Geburt ein Omega-3-Fettsäuren-Präparat erhielten. Es zeigte sich eindeutig, dass das Omega-3-Präparat die geistige Entwicklung der Kinder steigerte.

Eier (hart gekocht), Walnüsse und Leinsaat liefern ebenfalls Omega-3-Fettsäuren; die gleichermaßen bedeutsame Omega-6-Fettsäure, die die normale Nervenfunktion unterstützt, kommt in Nüssen, Samen und ihren Ölen vor.

CHOLIN

Damit das Gedächtnis gut funktioniert, braucht das Gehirn Ihres Babys den Neurotransmitter Acetylcholin; ein Mangel ist vermutlich die häufigste Ursache eines schlechten Gedächtnisses. Acetylcholin wird aus dem Nährstoff Cholin gewonnen, der vor allem in Eigelb, Körnern, Nüssen, Bohnen und Fisch, wie Sardinen, vorkommt. Die Vitamine B_1, B_5, B_{12} und C sowie Lezithin sind ebenfalls an der Bildung von Acetylcholin beteiligt.

VITAMIN- UND MINERALSTOFFPRÄPARATE

Wenn Sie an schwerer morgendlicher Übelkeit leiden oder sich unausgewogen ernähren, kann die Einnahme eines speziell auf die Bedürfnisse schwangerer Frauen abgestimmten Vitamin- und Mineralstoffpräparats angezeigt sein. Es kann die Versorgung mit Nährstoffen, einschließlich Betacarotin (die pflanzliche Variante des Vitamin A, das man nicht in großen Mengen zu sich nehmen sollte), Zink, Eisen, Magnesium und Kalzium, sicherstellen. Diese Substanzen sind für die Entwicklung des Fötus wichtig und beugen Muskelkrämpfen bei der Mutter vor.

Die ersten Monate

Nach der Geburt bietet das Stillen Ihrem Baby den besten Start ins Leben. Muttermilch enthält alles, was Ihr Baby braucht, in optimalen Mengen. Sie ist reich an Eiweiß, Mineralstoffen (einschließlich Eisen und Kalzium) und Vitamin A, D und B_{12}. Die Weltgesundheitsorganisation empfiehlt Müttern, ihre Babys mindestens bis zum sechsten Lebensmonat voll zu stillen. Muttermilch stärkt auch das Immunsystem, schützt vor Magen-Darm-Infektionen sowie Ohr- und Atemwegsinfektionen, Asthma und Ekzemen.

ERNÄHRUNG NACH DER SCHWANGERSCHAFT

Stillende Mütter brauchen etwa 450 Kalorien über den täglichen Kalorienbedarf von etwa 2000 Kalorien hinaus, da sie zusätzliche Energie und Nährstoffe benötigen. Einen Teil davon werden Sie aus den Polstern, die Ihr Körper in der Schwangerschaft angelegt hat, verbrauchen; auf diese Weise erlangen Sie auch leichter Ihr Gewicht vor der Schwangerschaft wieder. Viele der Empfehlungen auf den vorhergehenden Seiten sollten weiterhin befolgt werden, damit Ihr Baby ausreichend mit Nährstoffen, einschließlich essenziellen Fettsäuren und Cholin, versorgt wird. Einige dieser Stoffe sind in Muttermilch enthalten, wobei Ihre Ernährung eine wichtige Rolle spielt.

STILLEN ALS GEHIRNNAHRUNG

Muttermilch ist für die Entwicklung des Gehirns und Nervensystems Ihres Babys von höchster Bedeutung, da es wichtige Fettsäuren, einschließlich Omega-3- und Omega-6-Fettsäuren enthält, die die kognitive Entwicklung positiv beeinflussen können. Neueren Forschungen zufolge kann das Stillen langfristig die Intelligenz eines Babys steigern. Gestillte Babys haben tendenziell einen höheren IQ (Intelligenzquotienten) als Flaschenbabys. Forscher an der Columbus Universität nehmen darüber hinaus an, dass das Stillen dauerhaft die Gedächtnisleistung des Gehirns verbessert. Verantwortlich dafür ist der Nährstoff Cholin, der in Muttermilch vor allem in den ersten Tagen nach der Geburt nachgewiesen werden kann. Man geht davon aus, dass Cholin von entscheidender Bedeutung für die „Entwicklung des Gedächtnisses, die Festlegung der Gedächtniskapazität des Erwachsenen und seine Resistenz gegen altersbedingte Gedächtnisschwächen ist".

MILCHNAHRUNG

Weitgehend unbestritten ist, dass Muttermilch für die Entwicklung des Babys das Beste ist. Nichtsdestotrotz bemühen sich die Hersteller industrieller Säuglingsmilch intensiv, den Nährstoffgehalt ihrer Produkte zu optimieren, da aus unterschiedlichen Gründen einige Frauen ihr Baby nicht stillen können. Schuldgefühle sind jedoch unangebracht, wenn Sie Ihrem Baby die Flasche geben. Milchnahrung erfüllt strenge Richtlinien und die Hersteller bemühen sich, sie in der Zusammensetzung so weit wie möglich der Muttermilch anzugleichen. Manche reichern ihre Produkte sogar mit den essenziellen Fettsäuren an, die das Gedächtnis und den IQ verbessern sollen. Studien zufolge werden diese Zusätze im Vergleich zu den Substanzen in Muttermilch vom kindlichen Organismus weniger gut aufgenommen.

Schon gewusst?

KOFFEINGEHALT

100 MG KOFFEIN
- 1 Becher Instantkaffee
- 1 Tasse aufgebrühter Kaffee

80 MG KOFFEIN
- 1 Dose „Energydrink"

75 MG KOFFEIN
- 1 Tasse Instantkaffee

50 MG KOFFEIN
- 1 Tasse Tee

40 MG KOFFEIN
- 1 Dose Cola

(QUELLE: BRISTISH NUTRITION FOUNDATION)

Nährstoffe fürs GEHIRN

Gesundheit und optimale Gehirnleistung werden durch die Ernährung des Kindes mit den „richtigen" Mengen bestimmter Nährstoffe bedingt. Ausgewogenheit und Abwechslung sind das A und O der Nahrung; bereits ein Mangel an einem einzigen lebenswichtigen Nährstoff kann die kognitiven Fähigkeiten beeinträchtigen.

Nährstoff
KUNDE

BALLASTSTOFFE

Bei Erwachsenen fördern Ballaststoffe die Funktion des Verdauungssystems; Kinder unter fünf Jahren sollten jedoch nicht zu viele Vollkornprodukte bekommen. Babys und Kleinkinder können Ballaststoffe in großen Mengen kaum verdauen. Außerdem bewirken die Ballaststoffe bei ihnen ein Sättigungsgefühl, bevor sie ihren Nahrungsbedarf gestillt haben. Bieten Sie Ihrem Kind stattdessen eine ausgewogene Mischung an raffinierten und unraffinierten stärkehaltigen Nahrungsmitteln an.

KOHLENHYDRATE

Das Gehirn muss konstant mit sofort verfügbarer Glukose versorgt werden; daraus gewinnt es die für seine Funktionsweise erforderliche Energie. Die besten Glukoselieferanten sind kohlenhydratreiche Nahrungsmittel, vorzugsweise komplexe Kohlenhydrate, die ein Drittel der Nahrungsmenge ausmachen sollten.

Es gibt sowohl einfache (Zucker) wie komplexe (Stärke) Kohlenhydrate. Zucker gibt es in verschiedener Form; er ist in Nahrungsmitteln naturgemäß enthalten, z. B. in Früchten, oder wird ihnen zugesetzt, z. B. Raffinadezucker in Süßigkeiten und Gebäck.

Die Ernährung Ihres Kindes sollte überwiegend natürlich vorkommende Zuckerarten und unraffinierte komplexe Kohlenhydrate enthalten, die in Vollkornbrot, Kartoffeln, Hülsenfrüchten, Vollkornnudeln, Naturreis und Gemüse vorkommen. Unraffinierte Kohlenhydrate sind zu bevorzugen, weil sie mehr Nährstoffe und Ballaststoffe enthalten. Außerdem – und das ist für die Gehirnleistung entscheidend – schaffen sie einen konstanten Blutzuckerspiegel und gewährleisten damit eine gleichmäßige Versorgung mit Energie.

Raffinadezuckerhaltige Nahrungsmittel führen zu einem plötzlichen Anstieg des Blutzuckerspiegels, auf den ein rascher Abfall folgt. Konzentration und Aufmerksamkeitsspanne sinken und das Kind wird müde. Extreme Blutzuckerschwankungen können zu Schwindel, Reizbarkeit und Launenhaftigkeit führen.

EIWEISS

Der menschliche Körper benötigt verhältnismäßig wenig Eiweiß (Kinder zwischen vier und zehn Jahren brauchen 15–28 Gramm am Tag); wichtig ist jedoch Vielseitigkeit, um das volle Spektrum der verschiedenen Nährstoffe, die in eiweißhaltigen Nahrungsmitteln enthalten sind, abzudecken. Eiweiß kommt sowohl in tierischen (Fleisch, Geflügel, Eier und Milchprodukte) als auch in pflanzlichen Nahrungsmitteln (Bohnen, Linsen, Nüsse und Samen) vor.

Eiweiß besteht aus bis zu 25 Aminosäuren. Acht davon werden als essenzielle Aminosäuren bezeichnet, da der Körper sie nicht selber bilden kann und sie über die Nahrung aufgenommen werden müssen. Aminosäuren erfüllen viele Funktionen, unter anderem sind sie entscheidend für die Bildung von Neurotransmittern, den Botenstoffen des Gehirns, und daher grundlegend für die chemischen Abläufe des Gehirns und der Gefühle. Die Aminosäure Tyrosin, die in Fisch, Milchprodukten, Eiern, Hafer und Putenfleisch vorkommt, wirkt stimmungsaufhellend und erhöht die Aufmerksamkeit; die Aminosäure Phenylalanin reguliert über die Insulinproduktion den Blutzucker.

Eiweiße sollen länger sättigen als Kohlenhydrate; Kohlenhydrate versorgen den Körper jedoch über längere Zeit mit Energie. In vielen Nahrungsmitteln kommen Eiweiße und Kohlenhydrate gemeinsam vor.

FETTE

Das Gehirn enthält zu 60 Prozent Fett, das von der Nahrung geliefert werden muss. Die Art des Fettes, das Ihr Kind zu sich nimmt, beeinflusst daher die Zusammensetzung der Fette in seinem Gehirn. Da Fette die Gehirnentwicklung mitbestimmen und das Denk- und

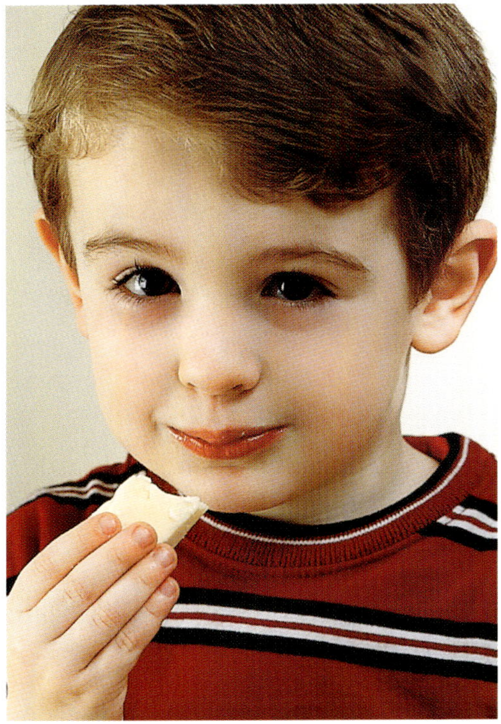

Erinnerungsvermögen des Kindes stark beeinflussen, ist es so wichtig, dass die Ernährung des Kindes das „richtige" Fett enthält.

Förderliche Fettsorten für Gehirn und Augenfunktion sind die langkettigen mehrfach ungesättigten Fettsäuren, einschließlich der Omega-3-Fettsäuren, EPA und DHA; genau diese Fette nehmen Kinder nur in sehr geringem Maße über die herkömmliche Ernährung auf. Man vermutet, dass ein Mangel an Omega-3-Fettsäuren eine der Hauptursachen von degenerativen Krankheiten und der damit einhergehenden Reduktion der Gehirnfunktion ist.

Es scheint auch ein Zusammenhang zwischen dem Fettsäurespiegel bei Säuglingen und ihrer intellektuellen Leistungsfähigkeit und ihrem Verhalten im Kindesalter zu bestehen. Am meisten Omega-3-Fettsäuren enthält fettreicher Fisch (siehe Seite 18);

Schon gewusst?

ANZEICHEN EINES FETTSÄUREMANGELS SIND:

- Starker Durst
- Häufiges Wasserlassen
- Trockene Haut und Haare
- Weiche, brüchige Nägel
- Schuppen
- Raue, harte Haut an Armen und Beinen
- Verhaltensprobleme
- Lernschwierigkeiten
- Legasthenie
- Hyperaktivität
- Schlechte Konzentrationsfähigkeit und schlechtes Gedächtnis
- Eingeschränktes Sehvermögen

Schon gewusst?

MULTIVITAMINE UND MINERALSTOFFPRÄPARATE

Zahlreiche Studien wurden durchgeführt, die beweisen sollten, dass die Intelligenz, vor allem die nonverbale, verbessert wird, wenn Kinder ein Multivitamin- oder Mineralstoffpräparat erhalten. Präparate zur Nahrungsergänzung sind jedoch nur dann von Nutzen, wenn die Ernährung des Kindes unzureichend ist. Wenn ein Kind eine gesunde, ausgewogene Kost erhält, bewirken Ergänzungspräparate nur wenig.

Vitamin- und Mineralstoffpräparate sollten niemals als Ersatz für eine gesunde Ernährung betrachtet werden.

Leider ist es durchaus möglich, dass ein „typisches" Kind, das sich „alterstypisch" ernährt, zeitweise einen leichten Mangel an wichtigen Nährstoffen hat. Es gibt Multivitamin- und Mineralstoffpräparate, die speziell auf den Bedarf von Kindern abgestimmt sind. Soll ein Präparat gegeben werden, dann sind diese Produkte die beste Wahl. Erhältlich sind auch Fettsäurepräparate. Sie enthalten meist eine Mischung der Omega-3- und Omega-6-Fettsäuren. Geben Sie Ihrem Kind solche Präparate nur nach Rücksprache mit dem Kinderarzt.

sie kommen aber auch in Eiern und bestimmter Pflanzennahrung vor – allerdings in weit geringeren Mengen.

Eine weitere essenzielle Fettsäure ist Omega-6, die in Pflanzenkost, z. B. Nüssen und Samen, Mais-, Distel- und Sonnenblumenöl, vorkommt. Phospholipide sind Fettsäuren, die vor allem in Eiern, Fisch und Soja vorkommen; sie werden für die Reparatur der Zellmembran des Gehirns und die Übertragung der elektrischen Nervenimpulse benötigt.

Zu den „schlechten" Fetten zählen gesättigte sowie gehärtete oder Transfettsäuren, die einen negativen Effekt auf das Gehirn haben. Diese Fette lagern sich in den Zellwänden ab, behindern die Umwandlung der Nährstoffe und reichern Gifte an. Leider essen viele Kinder zu viele „schlechte" Fette, vor allem, wenn sie sich hauptsächlich von industriell verarbeiteten Speisen sowie Fastfood ernähren. Gesättigte Fette sind in sehr vielen industriell verarbeiteten Nahrungsmitteln enthalten, von Margarine, Wurst und Salatdressings bis zu Gebäck.

Inzwischen bieten einige Nahrungsmittelkonzerne Produkte mit einem reduzierten Gehalt an gesättigten Fetten an.

VITAMINE UND MINERALSTOFFE

Die Gehirnfunktion wird von einer Anzahl essenzieller Vitamine und Mineralstoffe beeinflusst; dabei braucht das Kind proportional eine größere Menge dieser Nährstoffe als Erwachsene. Vitamine und Mineralstoffe spielen auch für die Energiebildung, das Immunsystem, das Nervensystem und praktisch jeden Körperprozess eine entscheidende Rolle.

Die Vitamine A, C und E sind Antioxidanzien und schützen Gehirn und Körper vor Gift- und Schadstoffen. Vitamin C ist unerlässlich für ein gesundes Immunsystem und für die Umwandlung von Nahrungsmitteln in geistige und körperliche Energie. Es unterstützt auch die Eisenabsorption.

Vitamine der B-Gruppe sind für die Gehirnfunktion, ein gesundes Nervensystem und den Energiestoffwechsel unerlässlich. Sie sind an der Bildung der Gehirn-Neurotransmitter (Botenstoffe) Dopamin, Adrenalin, Noradrenalin und Serotonin beteiligt. Konzentrations- und Gedächtnisschwächen, Energiemangel, Schlaflosigkeit und Reizbarkeit weisen auf einen möglichen Mangel hin.

Kalzium und Magnesium gelten als natürliche Beruhigungsmittel, da sie Nerven- und Muskelzellen entspannen. Bei einem Mangel werden Kinder nervös, reizbar und aggressiv. Ein Mangel an Cholin, eine vitaminähnliche Verbindung, wird mit möglicher Geviele Kinder (und Erwachsene) an einem Eisenmangel. Eine verbesserte Eisenzufuhr kann die Stimmung heben und diffusen Ärger abbauen; eine amerikanische Untersuchung bei Mädchen im Teenageralter ergab einen Zusammenhang zwischen einer erhöhten Eisenzufuhr und einem Rückgang an Depressionen.

Weitere Untersuchungen gingen der Frage nach, ob es eine Verbindung zwischen eisenhaltiger Ernährung und dem IQ gibt. Einige Studien legen einen möglichen Zusammenhang zwischen den IQ-Werten und der Eisenaufnahme nahe. Tierisches Eisen wird besser verwertet als pflanzliches. Mit einem Glas Orangensaft zu einer Mahlzeit, die reich an pflanzlichem Eisen ist, lässt sich die Aufnahme des Eisens verbessern.

Selen ist ein hoch wirksames Antioxidanz, das das Gehirn vor Schwermetallen, wie Blei (aus Wasserleitungen) und Quecksilber (z. B. in Zahnfüllungen verwendet), schützt. Schon kleine Mengen an Schwermetallen können sich im Körpergewebe anreichern und die chemischen Abläufe im Gehirn stören. Chrom trägt zur Kontrolle des Blutzuckerspiegels bei.

Vitamine & Mineralien

Lebenswichtige Vitamine & Mineralstoffe und Nahrungsmittel, in denen sie enthalten sind

Vitamin E Nüsse und Samen und daraus hergestellte Öle

Vitamin A Tierische Nahrungsmittel, einschließlich Milchprodukte, Fleisch, Fisch und Eier sowie in Obst und Gemüse

Vitamin C Kiwi & Zitrusfrüchte, Beeren, grünes Gemüse, Tomaten & Paprika

B-Vitamine Vollkorn, Eier, grünes Gemüse, Naturreis, Fleisch, Fisch, Hülsenfrüchte, Nüsse und Samen

Kalzium Milchprodukte, Mandeln, Aprikosen, Samen, Sardinen und grünes Blattgemüse

Magnesium Sojabohnen, Vollkorn, Nüsse, Trockenobst, grünes Blattgemüse und Fleisch

Cholin Eigelb, Sardinen, Leber, Nüsse, Hülsenfrüchte und Vollkorn

Zink Dunkles Putenfleisch, Schalentiere, Bohnen und Vollkorn

Bor Nüsse, Äpfel, Brokkoli, Erbsen, Trauben und Hülsenfrüchte

Eisen Rotes Fleisch, Melasse, Kakao, Petersilie, Eier, Hülsenfrüchte, grünes Gemüse, Leber, Schalentiere

Selen Vollkorn, Cerealien, Thunfisch, Schalentiere, Leber, Milchprodukte und Eier

Chrom Rotes Fleisch, Eier, Käse, Meeresfrüchte, Vollkorn

Clever ESSEN

Das Gehirn Ihres Kindes muss ebenso gehegt und genährt werden wie alle anderen Teile seines Körpers. Eine gute Ernährung trägt nicht nur dazu bei, Herz, Lunge und Verdauung gesund zu erhalten, sondern kann auch die Effizienz der chemischen Prozesse im Gehirn beeinflussen und Gedächtnis, Konzentration und geistige Leistungsfähigkeit fördern. Es gibt sowohl Nahrungsmittel, die der Gehirnfunktion abträglich sind (siehe „Schlecht fürs Gehirn", Seite 26), als auch welche, die das Lernvermögen des Kindes steigern können.

Nährstoff KUNDE

GUTE OMEGA-3-QUELLEN SIND:

- Makrele
- Thunfisch
- Sardinen
- Pilchard (ausgewachsene Sardine)
- Hering
- Lachs (am besten Wildlachs oder aus ökologischer Zucht)
- Anchovis
- Forelle
- Stör
- Kleine Mengen kommen in weißem Fisch und in Schalentieren vor.

PFLANZLICHE QUELLEN

- Walnüsse
- Leinsaat (oder Flachssamen)
- Rübsamen
- Kürbiskerne
- Eier
- Sojabohnen

FISCH UND SCHALENTIERE

Es ist heute allgemein bekannt, dass Fische und Schalentiere eine hervorragende Nahrung für das Gehirn sind. Sie enthalten die vorteilhaften essenziellen Omega-3-Fettsäuren sowie viele Vitamine, Mineralstoffe und Aminosäuren. Die Omega-3-Fettsäuren DHA und EPA, die vor allem in fettreichem Fisch vorkommen, sind für die Gesundheit und Entwicklung der Nerven und Augen und der Gehirnfunktion wesentlich. (Lebertran ist dabei für Kinder nicht unbedingt zu empfehlen, da sich Schadstoffe in der Fischleber anreichern.) Diese Fettsäuren werden vom Körper nicht gebildet und müssen über die Nahrung zugeführt werden. Leider verursacht die moderne Ernährungsweise oft einen Mangel an Omega-3-Fettsäuren. Die Folgen können Konzentrations- und Gedächtnisschwäche, Verhaltensauffälligkeiten, Lernschwierigkeiten wie auch Hyperaktivität sein.

Fisch- und Pflanzenöl-Präparate

Eine kürzlich durchgeführte Studie ergab, dass Kinder, die drei Monate lang ein Fisch- und Pflanzenöl-Präparat bekamen, beeindruckende Leistungssteigerungen erzielten. Für diese Studie wählten Lehrer Kinder aus, die im Lernvermögen, der Gedächtnisleistung und der Konzentrationsfähigkeit leichte Schwierigkeiten zeigten. Die Hälfte der Schüler erhielt ein Wirkstoffpräparat, die andere Hälfte ein Plazebo. Über 40 Prozent der Kinder, die ein Ergänzungspräparat erhielten, verbesserten ihre Werte bei Intelligenztests und zeigten Fortschritte im Lesealter und bei der Rechenfähigkeit. Andere Untersuchungen zeigten, dass Japaner, die viel Fisch essen, im Durchschnitt einen um sechs Prozent höheren IQ haben als der Durchschnittsamerikaner.

Das sich rasant entwickelnde Gehirn von Kindern ist besonders auf eine ausreichende Versorgung mit Omega-3-Fettsäuren angewiesen; auch für die Entwicklung von Augen und Nerven werden sie benötigt. Nachgewiesen ist, dass Omega-3-Fettsäuren die Stimmung verbessern und Depressionen abbauen können. Empfohlen wird eine Portion fettreicher Fisch pro Woche (doch manchmal ist die Gabe eines Omega-3 und Omega-6-Fettsäurepräparats therapeutisch notwendig). Dosenfisch enthält weniger Omega-3-Fettsäuren als frischer Fisch, ist aber dennoch empfehlenswert. Hai, Schwertfisch und Marlin sind verhältnismäßig stark mit Quecksilber belastet, sodass Kinder diese Fischsorten nicht verzehren sollten.

Fisch ist auch eine gute Cholinquelle. Cholin ist (in Verbindung mit Lezithin und Vitaminen der B-Gruppe) zur Bildung des Neurotransmitters Azetylcholin erforderlich; sie unterstützt die Reaktionsfähigkeit des Gedächtnisses sowie das Lernvermögen.

Schalentiere sind eine gute Zinkquelle; Zink unterstützt die Gedächtnisleistung und Konzentration. Studien belegen, dass bereits ein geringer Zinkmangel die Funktionsweise des Gehirns beeinträchtigt und zu Reizbarkeit, Stimmungsschwankungen und Appetitlosigkeit führt; bei steigendem Zinkspiegel hingegen bessert sich das Gedächtnis. Meeresfrüchte enthalten außerdem die Aminosäure Tyrosin, die die mentale Energie und Aufnahmefähigkeit stärken soll. Dabei spielen, ebenso wie für die Energieumwandlung, auch Vitamine der B-Gruppe eine wichtige Rolle.

KÖRNER UND CEREALIEN

Kinder sind besonders anfällig für die Auswirkungen starker Blutzuckerschwankungen; extreme Höhen und

Tiefen können zu Angstgefühlen, Unbesonnenheit, Reizbarkeit, Konzentrations- und Gedächtnisschwäche führen.

Vollkornprodukte bieten die nährstoffreichste Versorgung und garantieren als komplexe Kohlenhydrate einen konstanten Energiepegel. Sie liefern auch wichtige Vitamine und Mineralstoffe für das Gehirn, wie Vitamine der B-Gruppe, Zink, Magnesium, Folsäure, Eisen, Selen und Vitamin E. Beim Raffinierungsprozess verliert das volle Korn viele Nährstoffe. Der Verzehr von Weißmehlprodukten, z. B. Weißmehlnudeln und weißer Reis, verursacht Blutzuckerschwankungen.

Komplexe Kohlenhydrate tragen zur Erhöhung des Serotoninspiegels bei; Serotonin wirkt auf das Gehirn beruhigend und hebt die Stimmung. Eine Mahlzeit, bei der es Reis, Nudeln oder Couscous gibt, hilft Kindern, zur Ruhe zu kommen – ideal am Abend oder wenn Ihr Kind sehr aktiv ist oder schlecht schläft.

Nährstoff KUNDE

GUTE QUELLEN KOMPLEXER KOHLENHYDRATE SIND:

- Vollkornweizen
- Naturreis
- Wildreis
- Hirse
- Buchweizen
- Quinoa
- Gerste
- Hafer
- Roggen

Schon gewusst?

DIE GRÖSSE EINER PORTION

Die Weltgesundheitsorganisation empfiehlt, dass Kinder fünf Portionen Obst und Gemüse täglich zu sich nehmen sollen – drei Portionen Obst und zwei Portionen Gemüse. Doch was ist eine Portion Obst oder Gemüse? Allgemein gilt, dass eine Portion die Menge bezeichnet, die ein Kind etwa in eine Hand nehmen kann. Ein Glas frischer Fruchtsaft und eine Schöpfkelle Bohnen gelten jeweils als eine Portion.

OBST UND GEMÜSE

Obst und Gemüse liefern Nährstoffe für das Gehirn im Übermaß, insbesondere Antioxidanzien und Phytochemikalien, eine Gruppe natürlicher Substanzen, die ein breites Spektrum an therapeutischen Eigenschaften aufweisen.

Obst und Gemüse enthalten darüber hinaus viele verschiedene Vitamine und Mineralstoffe; da erwiesen ist, dass eine erhöhte Vitamin- und Mineralstoffzufuhr gerade bei mangelhaft ernährten Kindern den IQ erhöhen kann, sollte man besonders darauf achten, dass Kinder ihr Obst und Gemüse zu den Mahlzeiten aufessen. Empfohlen werden drei Portionen Obst und zwei Portionen Gemüse täglich.

Obst enthält Vitamin C, Bor, Selen und Karotenoide; Gemüse liefert Eisen, Vitamin C, Kalzium, Selen, Vitamine der B-Gruppe, Magnesium, Zink und Bor.

Bor ist verantwortlich für die Ausbildung positiver Gehirnwellen, einer erhöhten Aufnahmefähigkeit und verbessert Gedächtnis sowie Konzentration. Vitamin C unterstützt die Aufnahme von Eisen, das den IQ fördert und die Energieversorgung des Gehirns unterstützt.

Zahlreiche Studien belegen, dass die meisten Kinder nicht genügend frisches Obst und Gemüse zu sich nehmen. Und die meisten Eltern wissen, welchen Kampf es bedeuten kann, das Kind dazu zu bewegen, sein Gemüse aufzuessen.

SO ESSEN KINDER MEHR GEMÜSE

Am einfachsten ist es, dem Kind eine große Auswahl an Obst und Gemüse anzubieten. Je größer die Auswahl ist, desto wahrscheinlicher, dass etwas dabei ist, was Ihrem Kind wirklich schmeckt!

Richten Sie Obst und Gemüse appetitlich und abwechslungsreich an. Kinder essen z. B. kleine Stücke rohes Gemüse oft lieber als gekochtes. Es schmeckt ihnen besser und es gefällt ihnen, dass sie es mit den Fingern essen können. Gemüsestifte lassen sich auch gut in ein Dressing dippen und mit einem leckeren gesunden Dipp tun Sie Ihrem Kind gleich nochmals etwas Gutes.

Wenn Ihre Kinder beim Anblick bestimmter Gemüsesorten das Weite suchen – keine Panik: Manches Gemüse, z. B. Karotten, Kohl, Süßkartoffeln, Erbsen oder sogar Zwiebeln, lässt sich gut unter Kartoffelbrei oder Rösti mischen. Oder Sie „verstecken" Gemüsepüree in Saucen, Suppen oder Eintöpfen.

Und wenn Ihr Kind dennoch relativ wenig Obst und Gemüse isst, achten Sie dann auf höchsten Nährstoffgehalt. Kaufen Sie es so frisch wie möglich – idealerweise biologisch vor Ort angebaut – und halten Sie es nach dem Kochen nicht zu lange warm. Beim Dämpfen bleiben die Nährstoffe am besten erhalten.

NÜSSE UND SAMEN

Schon eine Hand voll Nüsse und Samen kann den Spiegel an Vitamin B, Eisen, Magnesium, Kalzium,

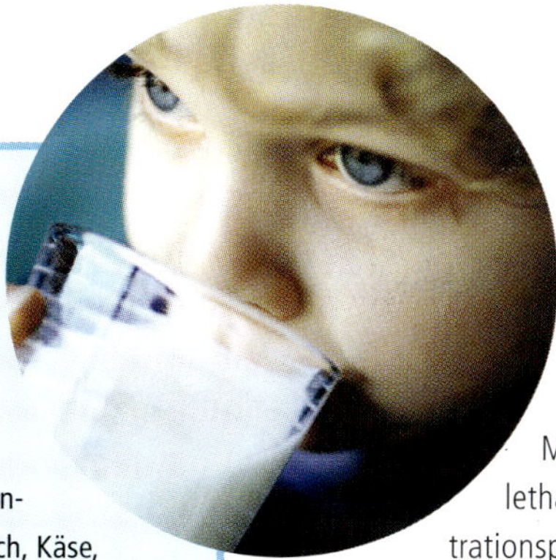

Ruhe fördernd

Die Gehirnchemikalie Serotonin hat stimmungsfördernde, beruhigende Wirkung und kann Müdigkeit herbeiführen. Manche eiweißreichen Nahrungsmittel (Puten- und Hähnchenfleisch, Eier, mageres Rindfleisch, Milch, Käse, Sojabohnen und Brokkoli) enthalten die Aminosäure Tryptophan, die zur Bildung von Serotonin benötigt wird. Der Serotoninspiegel hängt jedoch davon ab, wie effektiv das Gehirn mit Tryptophan versorgt wird. Auch wenn viel Trypthophan im Körper vorhanden ist, können andere Aminosäuren die Aufnahme ins Gehirn verhindern. Kohlenhydratreiche Nahrungsmittel (wie Nudeln oder Kartoffeln), die gleichzeitig mit tryptophanreichen verzehrt werden, erleichtern den Weg ins Gehirn und damit die Erhöhung des Serotoninspiegels.

Diese Theorie legt nahe, dass eine Mahlzeit, die auf kohlenhydratreichen Nahrungsmitteln sowie einer mäßigen Menge Eiweiß basiert, den Körper auf den Schlaf vorbereiten kann. Eine eiweißreiche Mahlzeit mit nur wenigen Kohlenhydraten dagegen kann den gegenteiligen Effekt haben und wach halten. Aus diesem Grund halten manche Ernährungswissenschaftler eine Mahlzeit mit einem höheren Eiweiß- als Kohlenhydratanteil für das Frühstück und Mittagessen für empfehlenswerter, da das Gehirn angetrieben und der Geist stimuliert wird. Abends sollte es dann umgekehrt sein. Andere Ernährungswissenschaftler empfehlen dagegen, dass kohlenhydratreiche Nahrungsmittel zu jeder Mahlzeit ausreichend verzehrt werden sollten.

Vitamin E, Selen, Kalium, Zink und Omega-6-Fettsäuren enorm steigern – allesamt wichtige Nährstoffe für Gehirnfunktion und Energieversorgung. Bei einem Vitamin-B-Mangel werden Kinder müde, lethargisch und haben Konzentrationsprobleme. Nüsse und Samen sind auch hervorragende Eiweißlieferanten; einige Sorten, z. B. Erdnüsse, sind allerdings reich an gesättigten Fetten und sollten daher nur in Maßen verzehrt werden. Nüsse ergeben nicht nur einen nährstoffreichen Snack, sondern können auch Eintöpfe, Aufläufe, Salate, Desserts und Kuchen „aufwerten".

In der chinesischen Medizin gelten Walnüsse als Früchte „für ein langes Leben". Sie sind eine hervorragende Gehirnnahrung, da sie sowohl Omega-3- wie Omega-6-Fettsäuren enthalten (EFAs). Kürbiskerne enthalten ebenfalls beide Sorten an EFA, während Paranüsse, Sonnenblumen- und Sesamsamen und die daraus gewonnenen Öle besonders reich an Omega-6-Fettsäuren sind. Mandeln, Paranüsse, Cashewkerne und Haselnüsse liefern viel B-Vitamine.

Kaufen Sie Nüsse ungesalzen und möglichst frisch, bevorzugt in der Schale, da sie ranzig werden, wenn sie zu lange aufbewahrt werden. Bewahren Sie sie in einem luftdicht verschließbaren und lichtgeschützten Behälter auf.

VOM SPEISEPLAN GESTRICHEN

Nüsse können eine schwere allergische Reaktion mit lebensbedrohenden Symptomen hervorrufen. Wenn es in Ihrer Familie eine Vorbelastung mit Nussallergien gibt, lassen Sie sich vom Arzt beraten, bevor Sie Ihrem Kind Nüsse geben. Kinder unter fünf Jahren sollten wegen der Erstickungsgefahr keine ganzen Nüsse bekommen.

BOHNEN, HÜLSENFRÜCHTE UND LINSEN

Bohnen, Hülsenfrüchte und Linsen gehören in jeden Vorratsschrank – und werden doch bei den Mahlzeiten oftmals vernachlässigt. Wenn Sie sich vom Einweichen über Nacht abschrecken lassen, greifen Sie auf Konservenprodukte zurück; achten Sie allerdings auf Produkte ohne Zucker und Salz und spülen Sie sie vor der Verarbeitung ab.

Bohnen, Hülsenfrüchte und Linsen bieten eine wertvolle, fettarme Kombination aus Eiweiß und Kohlenhydraten; sie enthalten auch eine gute Mischung von Gehirn und Gedächtnis fördernden Mineralstoffen, wie Vitamine der B-Gruppe, Kalzium, Eisen, Magnesium, Mangan und Zink. Tests haben gezeigt, dass Kinder, die ausreichend B-Vitamine zu sich nehmen, bei Gedächtnisaufgaben besser abschneiden. Bohnen, Hülsenfrüchte und Linsen besitzen kein vollwertiges Eiweiß, doch wenn sie zusammen mit Nüssen und Vollkorngerichten serviert werden, erhält Ihr Kind alle Aminosäuren, die Körper und Gehirn benötigen.

Sojabohnen sind eine Ausnahme von dieser Regel; sie enthalten, wie Fleisch und Eier, vollständiges Eiweiß. Und mehr noch: Sie liefern auch wertvolle Omega-3-Fettsäuren. Tofu, Tempeh und Miso werden aus Sojabohnen hergestellt.

Bohnen, Hülsenfrüchte und Linsen enthalten Eiweiß, Kohlenhydrate sowie verschiedene lebenswichtige Vitamine und Mineralstoffe – und sind eine leckere und vielseitige Gehirnnahrung.

MILCHPRODUKTE

Käse, Milch, Joghurt und Eier sind zentrale Eiweißlieferanten. Sie enthalten essenzielle Aminosäuren, die Bausteine stabiler Gesundheit und geistiger Vitalität. Da sie oft aber auch gesättigte Fette enthalten, z. B. Butter und Käse, sollten sie nur in Maßen verzehrt werden. Gesättigte Fette führen auf lange Sicht zu einer Verengung der Arterien, die das Gehirn mit Blut versorgen. Milchprodukte sind eine gute Quelle für Kalzium sowie die Vitamine A und B. Auch die für das Gehirn wichtige Aminosäure Tyrosin, die in Noradrenalin und Dopamin umgewandelt wird, kommt in Milch und Käse vor; sie erhöht geistige Beweglichkeit und Motivation.

Ein Milchgetränk vor dem Schlafengehen fördert einen guten Schlaf, da der Milchzucker (Laktose) die Umwandlung des Tryptophans im Milcheiweiß in die beruhigende Substanz Serotonin unterstützt. Kinder über zwei Jahre können fettarme Milch bekommen, sofern sie sich ausgewogen ernähren.

EIER

Eier sind nährstoffreich und vielseitig zu verwenden. Sie liefern Lezithin, Vitamine des B-Komplexes, Eisen und Zink, ein wahrer Zündstoff für das Gehirn. Vereinzelt sind bereits Eier von Hühnern erhältlich, deren Futter mit Omega-3-Fettsäuren angereichert worden ist; das kann sinnvoll sein, wenn Ihr Nachwuchs keinen Fisch mag. Eier enthalten vollwertiges Eiweiß und liefern alle essenziellen Aminosäuren, die notwendig sind, um Neurotransmitter, die Botenstoffe des Gehirns, aufzubauen. Sie sind auch reich an Tryptophan, das zur Bildung der Gehirnchemikalie Serotonin benötigt wird, die das Gehirn beruhigt und schlaffördernd wirkt.

FLEISCH UND GEFLÜGEL

Tierisches Eiweiß wird als vollwertiges Eiweiß klassifiziert; dies bedeutet, dass es alle acht essenziellen Aminosäuren enthält. Diese sind zur Bildung der Neurotransmitter im Gehirn erforderlich, die klares Denken, Konzentration und Vitalität gewährleisten. Rotes Fleisch ist ein hervorragender Eisenlieferant. Untersuchungen zeigten, dass Kinder oft einen Mangel an diesem wichtigen Mineralstoff haben, der das Verhalten und die Entwicklung beeinflussen kann.

Es konnte nachgewiesen werden, dass sich bei einem erhöhten Verzehr eisenreicher Nahrungsmittel auch die Stimmung besserte, Wutgefühle zurückgingen und der IQ anstieg. Fleisch ist auch eine gute Zinkquelle, das, in Verbindung mit Eisen, die negativen Folgen einer Bleibelastung im Körper bekämpft (in einem Bericht der britischen Regierung aus dem Jahre 1997 wird angegeben, dass schätzungsweise zehn Prozent der Kinder einen so hohen Bleigehalt im Blut hat, dass der IQ dadurch beeinträchtigt ist). Die Schattenseite ist, dass rotes Fleisch gesättigte Fette enthält; schneiden Sie daher sichtbares Fett weg und essen Sie rotes Fleisch nur in Maßen.

Zink kommt auch in Hähnchen und Pute vor. Geflügel ist eine fettarme Eiweißquelle (sofern die Haut entfernt wird) und liefert die Aminosäure Tryptophan, die für die Synthese von Serotonin benötigt wird. Wenn Sie gleichzeitig kohlenhydratreiche Nahrungsmittel verzehren, unterstützen Sie die Aufnahme des Tryptophans im Gehirn.

WASSER

Die meisten Kinder nehmen zu wenig Flüssigkeit zu sich, vor allem in der Schule. Eine ausreichende Flüssigkeitszufuhr ist jedoch für Konzentration, Denkschärfe und Energiekonstanz ebenso wichtig wie eine ausgewogene Ernährung. Ein Flüssigkeitsverlust des Körpers von zwei Prozent kann eine Abnahme der Leistungsfähigkeit um 20 Prozent verursachen.

Geben Sie Ihrem Kind Mineralwasser, verdünnt mit Fruchtsaft, oder Milch. Verzichten Sie auf gezuckerte Limonadengetränke. Die benötigte Flüssigkeitsmenge eines Kindes hängt von seinem Alter und Gewicht ab; als grobe Richtlinie gilt, dass ein Kind zwischen vier und sechs Jahren etwa fünf Gläser am Tag trinken sollte und ein Kind zwischen sieben und zehn Jahren etwa sechs Gläser. Bei Flüssigkeitsmangel kann es zu Kopfschmerzen, Lethargie, Konzentrationsmangel und Verstopfung kommen. Eine Dehydrierung beeinträchtigt auch den Transport der Nährstoffe und damit die Versorgung des Körpers und Gehirns.

Lethargie, Kopfschmerzen, Konzentrationsschwäche und Verstopfung sind einige der Beschwerden, unter denen Kinder leiden können, wenn sie zu wenig Flüssigkeit zu sich nehmen.

Ich sehe einen Regenbogen

Je mehr verschiedene Obst- und Gemüsesorten Ihr Kind zu sich nimmt, desto mehr verschiedene Nährstoffe erhält es. Es ist ein lustiges Spiel, Obst und Gemüse aus verschiedenen Farbgruppen auszuwählen und dann in unterschiedlicher Form, gleich ob roh, gekocht oder gebraten, in Eintöpfen, Soßen oder Suppen, anzubieten.

ROT

Tomaten, Erdbeeren, Paprika, Himbeeren, Johannisbeeren, Äpfel, Weintrauben, Wassermelone, Kirschen, Radieschen, Rhabarber

ORANGE

Möhren, orangefarbener Paprika, Kürbis, Fruchtsäfte, Süßkartoffeln (Bataten), Orangen, Clementinen, Melone, Nektarinen, Aprikosen

GELB

Bananen, Zucchini, Spitzpaprika, Eierkürbis, Sojabohnensprossen, Mais, Ananas, Pflaumen

GRÜN

Brokkoli, Rosenkohl, Kohl, Zucchini, Avocado, Äpfel, Birnen, grüner Salat, Spinat, Erbsen, Kiwi

PURPURROT

Beeren, Auberginen, Feigen, Pflaumen, rote Beete, Rotkohl

Erdbeeren
Wasssermelone
Orangen
Pfirsiche
Bananen
Weintrauben
Äpfel
Erbsen
Aubergine
Blaubeeren
Rotkohl

Schlecht fürs GEHIRN

Den meisten Eltern ist es bewusst, dass die Ernährung eine wichtige Rolle für die Gesundheit ihres Kindes spielt. Doch nicht immer ist bekannt, dass eine mangelhafte, nährstoffarme Ernährung für den Geist des Kindes ebenso abträglich sein kann wie für seinen Körper. Ohne ausgewogene, regelmäßige Mahlzeiten kann das Gehirn sein Potenzial nicht ausschöpfen, Aufmerksamkeitsspanne, Gedächtnisleistung und Lernvermögen leiden. Eine Ernährung, die auf Burgern, Chicken Nuggets, Chips, Süßigkeiten, Keksen und Limonadengetränken basiert, versorgt Kinder nicht mit genügend Nährstoffen, die sie für eine stabile Gesundheit, einen aktiven Körper und Geist benötigen.

Schon gewusst?

BEZEICHNUNGEN FÜR ZUCKER

Zucker kommt unter vielerlei Namen daher, hat jedoch immer eine ähnliche Wirkung auf den Blutzuckerspiegel. Haushaltszucker (Sacharose), Fruchtzucker (Fruktose), Glukose, Malzsirup, Invertzucker und Dextrose (Traubenzucker) sind im Grunde verschiedene Bezeichnungen für Raffinadezucker. Lassen Sie sich nicht in Versuchung führen von Etiketten, die „zuckerarm" versprechen, wobei der Zucker durch Süßstoffe wie Aspartam oder Sacharin ersetzt wurde.

ZUCKER

Besonders schlecht fürs Gehirn ist Raffinadezucker, der in Lebensmitteln, wie Süßigkeiten, Kuchen, Keksen und zuckerhaltigen Frühstückscerealien, vorkommt. Raffinadezucker hat wenig oder keinen Nährstoffwert; in großen Mengen „benebelt" er sogar das Gehirn, ganz zu schweigen von Auswirkungen wie Karies und Übergewicht. Anstieg und Abfall des Blutzuckerspiegels beeinträchtigen Körper und Geist. Der Verzehr eines zuckerhaltigen Nahrungsmittels führt zu einem kurzzeitigen Anstieg des Blutzuckerspiegels, dessen Folge ist ein Energiestoß – besser ein „Aufputschen" (denken Sie an Kinder nach dem Kuchenessen bei einer Fete) –, auf den prompt ein rapides Absinken folgt (denken Sie an die Tränen und Wutanfälle, wenn die Kinder das Fest verlassen). Diese Schwankungen führen dazu, dass das Gehirn nicht gleichmäßig mit Energie versorgt wird; Folge sind mangelnde Konzentration und Aufmerksamkeitsschwäche, Reizbarkeit und Müdigkeit.

Honig, Melasse und Ahornsirup sind ebenfalls konzentrierte Zuckerarten und haben damit dieselbe Auswirkung auf den Blutzuckerspiegel, auch wenn Melasse verschiedene Mineralstoffe enthält und Honig therapeutische Eigenschaften nachgesagt werden.

Andererseits wurde nachgewiesen, dass Zucker beruhigend wirkt – möglicherweise deshalb, weil die schnelle Verfügbarkeit der Kohlenhydrate die Produktion von Serotonin anregt, das nach etwa zwei Stunden ein Gefühl der Schläfrigkeit verleiht.

Zuckerhaltige Speisen enthalten oft auch ziemlich viel Fett. Fett braucht länger, bis es verdaut ist; in dieser Zeit kann die Gehirnfunktion vermindert sein. Auf lange Zeit trägt gesättigtes Fett zur Arterienverkalkung bei, die wiederum die Blutzufuhr zum Gehirn beschränkt.

Der Verzehr großer Mengen Zucker beeinträchtigt darüber hinaus die Aufnahme mancher Nährstoffe, schwächt das Immunsystem und kann zu einer Glukoseintoleranz führen. Folge sind Probleme in der Regulation des Blutzuckerspiegels. Zu den Symptomen gehören Reizbarkeit, Depression, Schreianfälle, Müdigkeit, Konzentrationsschwierigkeiten und Schlaflosigkeit.

WELCHE ALTERNATIVE GIBT ES?

Die meisten Kinder bevorzugen von Natur aus süße Speisen – schließlich schmeckt schon die Muttermilch süß. Süßes – in Maßen als Teil einer ausgewogenen Ernährung genossen – muss auch kein Problem darstellen. Wichtig ist, stark industriell verarbeitete, zuckerhaltige Nahrungsmittel zu meiden. Wenn Eltern Zucker völlig verbieten, entwickeln Kinder oft eine regelrechte Gier und nutzen jede Gelegenheit, sich heimlich Süßes zu verschaffen. Besser ist es, möglichst gesunde Süßigkeiten anzubieten (siehe Kasten rechts). Natürlich wirken auch sie sich auf den Blutzuckerspiegel aus, enthalten meist aber auch Ballaststoffe und etwas Eiweiß und puffern damit die Blutzucker steigernde Wirkung ab und liefern auch Vitamine und Mineralstoffe.

JUNKFOOD

Zugegeben – die Definition von Junkfood ist nebulös; im Allgemeinen fasst man darunter stark verarbeitete, nährstoffarme Nahrungsmittel zusammen, die meist viel Zucker, Süßstoffe, Zusatzstoffe oder Fett enthalten. Es wäre schwierig, wenn nicht unmöglich, alle industriell verarbeiteten Nahrungsmittel aus der Ernährung eines Kindes verbannen zu wollen; denken Sie jedoch immer daran, dass beim Raffinierungsprozess viele Vitamine und Mineralstoffe, die die Funktionsfähigkeit des Gehirns unterstützen, zerstört werden. Oft werden künstliche Vitamine und Mineralstoffe danach wieder zugesetzt, z. B. in Frühstückscerealien, doch es ist ungewiss, ob der Körper sie überhaupt adäquat verwerten kann.

Junkfood mangelt es nicht nur an wichtigen Nährstoffen, sondern es enthält meist auch künstliche Farbstoffe, Konservierungsstoffe, Geschmacksverstärker, Salz und Zucker und oft eine Menge gesättigter und gehärteter Fette bzw. „Transfette". Diese verlangsamen die Verdauung und den Kreislauf, setzen die Gehirnfunktion herab und führen zu Arterienverkalkung, die wiederum das Risiko von Herzkrankheiten und Krebs erhöht.

KOFFEIN

Koffein kommt nicht nur in Kaffee und Tee, sondern auch in Schokolade – ein Riegel kann bis zu 50 mg enthalten – und Cola vor. Koffein ist ein Stimulans und

Gesunde Leckereien

- Frisches oder getrocknetes Obst. Kleine Portionen sind für Ausflüge oder das Schulvesper geeignet.
- Kleine Portionen hochwertiger Schokolade mit Kakaobutter
- Pfannkuchen, Obstkuchen, Vollkornkekse
- Frisch gepresster Fruchtsaft oder Milchshakes
- Früchtebrot, Teekuchen oder Muffins aus Vollkornmehl mit Frischkäse bestrichen
- Selbst gemachtes Popcorn
- Selbst gemachter Kuchen mit hochwertigen Zutaten
- Reiswaffeln mit zuckerfreier Marmelade
- Joghurt oder Quark, gemischt mit frischen Früchten oder einem Löffel biologischem Honig

VOM SPEISEPLAN GESTRICHEN

- Fertigprodukte, wie Pizzas, Burger und fette Würste
- Käsezubereitungen und Schmelzkäse
- Fertige Fleischgerichte mit viel Wasser, Fett und Konservierungsmitteln
- Panierte Chicken oder Fisch Nuggets mit wenig Fleisch- oder Fischgehalt
- Qualitativ minderwertige, fettreiche Wurstwaren
- Frühstückscerealien mit hohem Zuckergehalt
- Chips mit Geschmackverstärker und andere Knabbereien
- Süße Limonadengetränke, wie Cola und Fruchtsaftgetränke; stattdessen reine Fruchtsäfte
- Diätgetränke, die Süßstoffe enthalten
- Gefärbte Süßigkeiten, die künstliche Farbstoffe und Gelatine enthalten
- Qualitativ minderwertige Eiscreme und bunte Eislollies
- Fruchtjoghurt mit Geschmackverstärker
- Zuckerreiche Müsliriegel oder fetthaltiges Gebäck mit Zusatzstoffen

Diuretikum; da es die Blutzuckerregulation beeinträchtigt, kann es Stimmungsschwankungen verursachen. Einer Studie zufolge steigert Koffein die mentale Leistungsfähigkeit auf lange Sicht keineswegs. Grundschulkinder, die morgens regelmäßig eine Tasse Tee bekamen, waren nach einiger Zeit beim Aufwachen müde und kaputt, sie waren insgesamt langsamer und „brauchten" schließlich morgens einen Tee – in gleicher Weise wie manche Erwachsene – , damit Körper und Geist munter wurden. Koffein entzieht dem Körper außerdem verschiedene B-Vitamine, Zink, Natrium, Kalzium und Eisen, Mineralstoffe, die die kognitive Leistungsfähigkeit fördern.

LIMONADENGETRÄNKE

Der Konsum süßer, kohlensäurehaltiger Getränke nimmt ständig zu, dabei gibt es über die meisten Limonaden nichts Positives zu berichten – sie enthalten viel Zucker oder Süßstoffe und teilweise auch Farbstoffe, Koffein und Konservierungsmittel. Umfragen ergaben, dass in Großbritannien 21 Prozent der Sieben- bis Zehnjährigen annähernd zehn Dosen Limonadengetränke in der Woche konsumieren. Limonadengetränke enthalten auch viel Phosphor, ein Mineralstoff, der die Kalziumabsorption behindert. Kalzium ist nicht nur für die Knochenbildung, sondern auch für die Produktion der Botenstoffe im Gehirn wichtig, die auch die Gefühle steuern.

ZUSATZSTOFFE UND KONSERVIERUNGSSTOFFE

Industriell hergestellten Nahrungsmitteln werden in der Regel verschiedene Substanzen zugesetzt, die Geschmack, Beschaffenheit und Aussehen verbessern oder die Haltbarkeit verlängern sollen.

Forschungen zeigten, dass sich solche Zusatzstoffe auf jedes siebte Kind nachteilig auswirken können. Babys und Kleinkinder sind dabei besonders empfindlich, da die Substanzen auf ihr noch unreifes Körpersystem besondere Wirkung haben. Zwar sind nicht alle Zusatzstoffe potenziell schädlich, doch gibt es einige, bei denen ein Zusammenhang mit Hyperaktivität vermutet wird; darüber hinaus können sie Allergien, Gedächtnisschwäche, Depression und Stimmungsschwankungen begünstigen. Zusatz- und Konservierungsstoffe sind auf dem Etikett aufgelistet; sie werden mit dem Buchstaben E und einer Nummer oder mit ihrem chemischen Namen bezeichnet.

Der Versuch, Zusatzstoffe völlig zu meiden, kann dem Durchqueren eines Minenfelds gleichen. Chips

z. B. wird meist Natriumglutamat zugesetzt, ein Geschmacksverstärker, der das „China-Restaurant-Syndrom" verursacht, zu dessen Symptome Schwindel, Kopfschmerzen, Angstgefühle, Durst und Stimmungsschwankungen gehören.

Der gelbe Farbstoff Tartrazin (E 102) ist nur einer der vielen Zusatzstoffe, von denen bekannt ist, dass sie das Verhalten beeinflussen und möglicherweise ADHS-Symptome (siehe Seite 30) auslösen. Andere sind Cochenille (E 110), Erythrosin (E 127), Natriumsalz (E 219), Natriumbenzoat (E 211), Azorubin (E 122) und Cochenillerot A (E 124) wie auch das bereits erwähnte Natriumglutamat. Auch die Antioxidanzien BHA (E 320) und BHT (E 321) sind problematisch. In einer australischen Untersuchung zeigten 55 Prozent der Kinder, die positiv auf den Verzicht aller Nahrungsmittelfarbstoffe und Zusätze in ihrer Ernährung reagierten, eine negative Reaktion, wenn sie auch nur einen einzigen Farbstoff, wie z. B. Tartrazin, erneut erhielten. Die Kinder wurden reizbarer und unruhiger und hatten Schlafprobleme. Der Einsatz bestimmter Stoffe ist in einzelnen Nahrungsmitteln gesetzlich geregelt, ein generelles Verbot der Zusatzstoffe ist jedoch keineswegs zu erwarten. Die Regierungen vieler Länder argumentieren, dass die Beweise widersprüchlich seien und Reaktionen nur in Einzelfällen auftreten würden; viele Eltern, die die Zusatzstoffe aus der Ernährung ihrer Kinder verbannt haben, haben jedoch andere Erfahrungen gemacht. Nehmen wir den Fall von Michael und Christopher Parker, fünfjährige eineiige Zwillinge. Michael bekam zwei Wochen lang keine Snacks mit Farbstoffen oder Konservierungsstoffen. Er wurde deutlich ruhiger als sein Bruder, der sich weiterhin normal ernährte. Michaels IQ stieg in dieser Zeit um 15 Punkte.

Verzichten Sie möglichst auf Nahrungsmittel, die Zusatzstoffe, Farbstoffe und Konservierungsstoffe enthalten. Wenn Sie den Verdacht haben, dass Ihr Kind auf Nahrungsmittelzusätze reagiert, führen Sie über einen bestimmten Zeitraum ein Ernährungsprotokoll; notieren Sie darin auch das Verhalten Ihres Kindes und setzen Sie sich dann mit einem Arzt oder Ernährungsberater in Verbindung.

SCHWERMETALLE UND PESTIZIDE

Schwermetalle, wie Blei, Kadmium, Quecksilber und Aluminium, reichern sich im Gehirn an und verursachen möglicherweise eine Verminderung der Intelligenz, der Konzentrations- und Gedächtnisleistung sowie der Impulskontrolle. Auch quecksilberhaltige Amalgam-Zahnfüllungen können zur Vergiftung des Gehirns beitragen. Zink- und selenreiche Nahrungsmittel entgiften den Körper von Schwermetallen. Auf Seite 17 sind Nahrungsmittel mit einem reichen Gehalt an diesen Mineralstoffen aufgeführt.

Welche Konsequenzen Pestizidrückstände im Körper langfristig haben, ist noch weitgehend unbekannt. Es gibt jedoch Anhaltspunkte dafür, dass sie bei empfindlichen Kindern die Entstehung von Hyperaktivität und Allergien begünstigen können.

Schon gewusst?

DIE ROLLE DER ZUSATZSTOFFE

ANTIOXIDANZIEN (E 300–E 321) verhindern, dass Nahrungsmittel ranzig werden

FARBSTOFFE (E 100–E 199) färben oder intensivieren die Farbe der Lebensmittel

SÄUERUNGSMITTEL, GELIER- UND VERDICKUNGSMITTEL, FEUCHTHALTEMITTEL, EMULGATOREN (E 322–E 495) verändern die Beschaffenheit der Nahrungsmittel und binden die Zutaten

GESCHMACKSVERSTÄRKER (E 620–E 635) verstärken den Geschmack oder Geruch eines Nahrungsmittels

KONSERVIERUNGSSTOFFE (E 200–E 283) verhindern bzw. bremsen den Verderb von Nahrungsmitteln. Industriell hergestellte Nahrungsmittel mit langer Haltbarkeitsdauer enthalten meist Konservierungsstoffe

Allergische REAKTIONEN

Jedes zehnte Kind leidet an Hyperaktivität bzw. der Aufmerksamkeits-Defizit-Hyperaktivitätsstörung (ADHS) und eine falsche Ernährung verschlimmert die Symptome – vermutet man. Es bestehen Unverträglichkeiten oder Allergien gegenüber bestimmten Nahrungsmitteln.

VERHALTENSPROBLEME

Es ist umstritten, welchen Einfluss die Ernährung auf das Verhalten hat; es ist jedoch davon auszugehen, dass eine unausgewogene Ernährung, ein Mangel an essenziellen Fettsäuren sowie Nahrungsmittelallergien bestimmte Symptome verschärfen können. Zu diesen Symptomen gehören destruktives Verhalten, Unruhe, Konzentrationsstörungen, Lernprobleme, Tollpatschigkeit, Reizbarkeit und mangelnde soziale Kompetenz. Bei Kindern mit ADHS besteht vermutlich häufig ein gestörter Zuckerstoffwechsel; entsprechende Symptome treten morgens besonders deutlich zutage, wenn süße Speisen auf leeren Magen gegessen werden. Raffinadezucker enthält keinerlei Mineralstoffe und auch kein Chrom, das benötigt wird, um Zucker zu verstoffwechseln und den Blutzuckerspiegel zu kontrollieren. Dadurch kann eine Unterzuckerung entstehen, die zu aggressiven Ausbrüchen führt.

Ein Mangel an Zink, Kalzium und Magnesium verursacht Unruhe, Konzentrationsschwierigkeiten und Lernschwierigkeiten; auch hier vermutet man eine besondere Anfälligkeit bei Kindern mit ADHS.

Von besonderer Bedeutung sind die essenziellen Fettsäuren Omega-3 und Omega-6. Zahlreiche Stundien haben ergeben, dass ein Mangel an diesen Fettsäuren zu Verhaltensauffälligkeiten und Lernschwierigkeiten führen kann; bei vielen Kindern mit ADHS wurde ein niedriger Spiegel an diesen essenziellen Fettsäuren nachgewiesen. Es zeigte sich auch, dass Jungen öfter unter einem schweren Fettsäuren-Mangel litten und gleichzeitig geringere Lese- und Schreibleistungen erbrachten. Eine andere Studie lässt einen Zusammenhang zwischen Depressionen und Stimmungsschwankungen und einem Omega-3-Mangel vermuten. Möglicherweise können diese Fettsäuren die Signale unterdrücken, die zu plötzlichen Stimmungsumschwüngen führen. Eine erhöhte Zufuhr an Fettsäuren

Lebenswichtige Nährstoffe

Untersuchungen haben ergeben, dass Kinder mit ADHS einen Mangel an folgenden Nährstoffen aufweisen:

- essenzielle Fettsäuren Omega-3 und Omega-6
- Vitamine der B-Gruppe
- Chrom
- Zink
- Magnesium
- Vitamin C

verbesserte den Gehirnstoffwechsel und milderte die Symptome des ADHS.

Ein Mangel an Thiamin (Vitamin B_1) wird mit aggressivem, ziellosem und impulsivem Verhalten in Verbindung gebracht. Kartoffeln, Vollkorn, Nüsse, Samen, Eier, Fleisch, Gemüse und Naturreis sind gute Vitamin-B_1-Quellen. Eine ebenso wichtige Rolle spielt Vitamin B_6.

Zahlreiche Studien lassen vermuten, dass ein Zusammenhang zwischen Nahrungsmittelallergien oder -unverträglichkeiten und Verhaltensproblemen, einschließlich ADHS, besteht. Einige Ernährungswissenschaftler halten dabei nicht Zucker für den ausschlaggebenden Faktor bei Verhaltensproblemen, sondern vermuten, dass eine Allergie oder Unverträglichkeit gegenüber Zusatzstoffen, die in Süßigkeiten oft enthalten sind, die Probleme verursachen. Der Verzicht auf Nahrungsmittellallergene erwies sich in der Behandlung von Kindern mit ADHS als wirksam.

ALLERGIEN UND UNVERTRÄGLICHKEITEN

Eine Nahrungsmittelallergie tritt auf, wenn das Immunsystem auf eine im Grunde harmlose Substanz in einem Nahrungsmittel unangemessen reagiert und Antikörper bildet. Es können dabei vielerlei Symptome auftreten, von Fließschnupfen und Durchfall bis zu einem anaphylaktischen Schock, einer lebensbedrohenden Reaktion, bei der die Luftröhre anschwillt. Bei einer Nahrungsmittelunverträglichkeit besteht meist ein Verdauungsproblem. In diesem Fall kann ein Allergietest negativ ausfallen, obwohl eine Reaktion auf bestimmte Nahrungsmittel erfolgt.

Bei Nahrungsmittelunverträglichkeiten kommt es zu Reaktionen wie Benommenheit, nachlassende Konzentration, Kopfschmerzen, Ausschläge, Asthma, Ekzeme und Verhaltensprobleme; sie können im Verlauf von Stunden oder Tagen auftreten.

Allergien und Unverträglichkeiten treten familiär gehäuft auf; wenn Sie oder Ihr Partner an einer Allergie oder Intoleranz leiden, ist die Wahrscheinlichkeit groß, dass auch Ihr Kind davon betroffen sein wird. Aufgrund ihres noch unausgereiften Verdauungs- und Immunsystems sind Kinder noch anfälliger für Nahrungsmittelunverträglichkeiten. Während die Anzahl der Fälle im Steigen begriffen zu sein scheint, sind schwere Nahrungsmittelallergien noch selten. Zu den häufigsten Allergenen zählen Milchprodukte, Eier, Tomaten, Zitrusfrüchte, Weizen, Nüsse, Soja und Schalentiere. Für einen Allergietest wenden Sie sich an den Arzt. Streichen Sie nie Nahrungsmittel ohne vorherige Rücksprache mit dem Arzt vom Speiseplan Ihres Kindes.

Milchprodukte zählen zu den häufigsten Auslösern von Nahrungsmittelallergien, doch es gibt viele Ersatzprodukte.

Bewusst EINKAUFEN

Bislang haben wir uns in diesem Buch auf die einzelnen Nährstoffe und Nahrungsmittel konzentriert, die für Ihr Kind förderlich sind, sowie auf die Substanzen, die ihm abträglich sind. Jetzt ist es an der Zeit, zu überlegen, wie Sie die besten Nahrungsmittel für Ihr Kind einkaufen können. Kaufen Sie bewusst ein, damit Ihre Kinder optimal mit Nährstoffen versorgt werden.

Bauernmärkte erfreuen sich zunehmender Beliebtheit; hier haben Sie die Möglichkeit, frische Produkte bester Qualität aus der Region einzukaufen.

Schreckensmeldungen über Chemikalien in Nahrungsmitteln lassen den Wunsch nach biologisch angebauten Produkten wachsen. Da der kindliche Organismus noch empfindlicher als der von Erwachsenen auf Pestizidrückstände reagiert (siehe Kasten, Seite 29), sind biologisch angebaute Produkte für Kinder eindeutig zu bevorzugen. Sie sind zwar etwas teuerer, dafür aber auch geschmackvoller, meist frischer und nährstoffreicher.

OBST UND GEMÜSE

Greifen Sie beim Kauf von Obst und Gemüse immer zu den frischesten Produkten, die Sie bekommen können. Je länger Obst und Gemüse gelagert wird, desto geringer ist der Nährstoffgehalt. Kaufen Sie daher in Läden, die einen großen Umsatz und daher meist frische Ware haben. Verzichten Sie auf Obst und Gemüse, das im Freien oder an einem heißen, hellen Fenster präsentiert wird, da dabei Nährstoffe zerstört werden. Licht aus Leuchtstoffröhren kann denselben Effekt haben.

Viele Supermärkte bieten heute auch biologisch angebaute Produkte an. Ökologisches Obst und Gemüse schmeckt besser, weil der Anbau weniger intensiv ist und es weniger Wasser enthält. Dank des niedrigeren Wassergehalts ist die Konzentration an Vitaminen und Mineralstoffen erhöht.

Ökologisch angebaute Produkte wachsen normalerweise in einer besseren Erde und reifen an der Pflanze aus; sie werden nicht unreif geerntet und künstlich gereift – Prozesse, die sowohl den Geschmack wie auch den Nährstoffgehalt beeinträchtigen können.

Viele Bio-Produkte kommen jedoch aus dem Ausland und die Transportzeit geht auf Kosten der Frische. Glücklicherweise bieten immer mehr Supermärkte auch Produkte aus der Region an. Frische Nahrungsmittel aus der Region erhalten Sie auch in Bauern-

Schon gewusst?

IST ES FRISCH?

Manches Obst und Gemüse ist älter, als es aussieht! Äpfel können bei bestimmten Temperaturen bis zu zwölf Monaten gelagert werden. Karotten halten sich in einem kühlen Lagerraum bis zu neun Monaten und Kartoffeln bis zu zwölf Monaten. Lagerkartoffeln werden häufig mit einem chemischen Treibhemmer besprüht. Äpfel und Orangen erhalten oft eine Wachsschicht, damit sie glänzen und saftig aussehen, nachdem sie zuvor in heißer Luft getrocknet worden sind. Suchen Sie nach biologisch angebautem, saisonalem Obst und Gemüse aus der Region. Kaufen Sie nach Möglichkeit Obst ohne Wachsüberzug. Achten Sie auf feste, unbeschädigte Ware. Seien Sie wachsam bei Sonderangeboten, da dabei oft Ware, deren Haltbarkeitsdauer abläuft, veräußert wird.

märkten oder Hofläden – dort sind Bio-Produkte oft auch preisgünstiger.

Kaufen Sie Obst und Gemüse immer nur in kleinen Mengen, sodass sie rasch verzehrt werden können. Kaufen Sie bevorzugt offene statt abgepackte Ware; dabei können Sie besser auf die Qualität achten und haben darüber hinaus kein unnötiges Verpackungsmaterial. Zu Hause nehmen Sie die Ware gegebenenfalls aus den Plastikbehältern.

FLEISCH, FISCH UND EIER

Die Unsicherheit über die Fütterungs- und Zuchtmethoden in der Tierhaltung und Fischzucht lassen den Wunsch nach Fleisch und Fisch biologischer Herkunft zunehmend wachsen. Auch zum Metzger vor Ort hat man meist mehr Vertrauen als zu Fleischprodukten aus dem Supermarkt. Biologisch erzeugtes Fleisch und Geflügel stammt von Tieren, denen nicht routinemäßig Antibiotika und Hormone verabreicht worden sind, bei denen auf artgerechte Haltung geachtet wurde und strenge Richtlinien für die Futtermittel gelten. Auch gentechnisch veränderte Futtermittel sind verboten. Da Fleisch einen großen Anteil an gesättigten Fetten enthält, kaufen Sie magere Stücke, wie Filet oder Rücken.

Würste sind bei Kindern beliebt und schnell zubereitet, doch oft von zweifelhafter Qualität. Achten Sie auf Wurstwaren mit einem hohem Fleischanteil (mindestens 85–90 Prozent), bevorzugt aus ökologischer Tierzucht mit wenig Füllmitteln und Zusatzstoffen. Das Gleiche gilt für Schinken und ähnliche Fleischprodukte. Es gibt auch vegetarische Fleischersatzprodukte, die aber eine Vielzahl unerwünschter Zusatzstoffe enthalten können.

Kaufen Sie nach Möglichkeit Tiefseefisch oder Fisch aus biologischen Fischzuchtfarmen. Fisch aus konventioneller Zucht kann Chemikalien und Zusatzstoffe, z. B. Farbstoffe, enthalten – achten Sie beim Einkauf einmal bewusst nur auf den Farbunterschied zwischen Wildlachs und Lachs aus Zuchtfarmen. Ungefärbter geräucherter Schellfisch und Kabeljau sind eine bessere Wahl als ihre hellgelben Alternativen.

Frischfisch und Frischfleisch kaufen Sie am besten offen an der Frischetheke im Supermarkt, beim Metzger, Fischhändler oder in einem Bauernmarkt. Auf diese Weise können Sie die Qualität besser kontrollieren als beim Kauf von abgepackten Produkten.

Kaufen Sie Eier von frei laufenden, biologisch ernährten Hühnern. Sie leben halbwegs artgerecht, erhalten natürliche Futtermittel ohne die routinemäßige Beigabe von Antibiotika und Färbemitteln für den Eidotter. Eierschachteln mit attraktiven Landszenen oder der Aufschrift „Landeier" bedeuten wenig – die Eier kommen trotzdem aus der Legebatterie. Bewahren Sie Eier im Kühlschrank auf, dort halten sie sich zwei Wochen.

ABGEPACKTE ODER FERTIGPRODUKTE

Wenn Sie abgepackte oder Fertigprodukte kaufen, lesen Sie auf dem Etikett nach, welche Zutaten und Zusatzstoffe enthalten sind. Verzichten Sie auf Produkte mit einem hohen Anteil an Zucker, gesättigten und gehärteten (Trans-)Fetten, Farbstoffen, Füllmitteln, Geschmacksverstärkern, Konservierungsstoffen und künstlichen Süßungsmitteln, von denen viele mit Verhaltensproblemen, Hyperaktivität und Nahrungsmittelallergien bei Kindern (und auch bei Erwachsenen) in Verbindung gebracht werden.

Fischstäbchen, Chicken Nuggets und Hamburger sind bei Kindern beliebt; es handelt sich dabei aber um stark verarbeitete Produkte mit viel Fett, Salz, Farb- und Zusatzstoffen. Es gibt keine offiziellen Richtlinien für solche Produkte; daher müssen sie keine Mindestmenge an Fleisch bzw. Fisch enthalten (oft sind es weniger als 40 Prozent); oft werden sie mit minderwertigem Hack- oder Formfleisch zubereitet.

Kaufen Sie Fisch ohne Panade; in Panade können die Produzenten Farb- und Konservierungsstoffe, Fett und billige Füllstoffe packen. Wenn Sie auf panierte Produkte nicht verzichten wollen, lesen Sie auf der Verpackung nach, welches Produkt den höchsten Fischanteil und die niedrigste Anzahl an Zusatzstoffen und Farbstoffen enthält (oder panieren Sie den Fisch zu Hause selber). Beachten Sie, dass bei der Auflistung immer die Zutaten mit dem höchsten Anteil zuoberst stehen.

Pizza ist die ideale Fertigmahlzeit – von der Tiefkühltruhe in den Backofen, in ein paar Minuten auf dem Tisch. Sie wird aber oft als Junkfood betrachtet. Das gilt sicherlich für viele Produkte, aber es gibt inzwischen ernährungsphysiologisch ausgewogene

Pizzas mit natürlichen Zutaten. Achten Sie beim Einkauf daher auf solche Produkte. Und natürlich können Sie eine köstliche, gesunde Pizza mit frischen Zutaten auch selbst zubereiten, siehe Seite 61.

LEBENSMITTEL FÜR DIE BEVORRATUNG

Wer täglich mehrmals mehrere hungrige Mäuler zu stopfen hat, will nicht vor jeder Mahlzeit erst einmal einkaufen gehen. Wichtig ist dann, dass Vorratsschränke, Kühlschrank und Tiefkühltruhe gut bestückt sind. Im Folgenden finden Sie einige Anhaltspunkte für eine sinnvolle Bevorratung, damit Sie jederzeit Mahlzeiten zubereiten können, die gesund und nährstoffreich sind.

TEIGWAREN UND GETREIDEKOST

Teigwaren sind ideale Fertigprodukte – schnell und einfach zubereitet und eine ideale Grundlage für vielerlei Mahlzeiten. Und sie sind bei Kindern beliebt. Es gibt eine riesige Auswahl an verschiedenen Formen sowie bunte Nudeln – achten Sie darauf, dass diese mit natürlichen Farbstoffen (wie Spinat und Tomaten) gefärbt worden sind. Trockennudeln können in einem luftdichten Behälter lange aufbewahrt werden, frische Nudeln in der Tiefkühltruhe.

Reis und Nudeln bieten eine ideale Grundlage für viele Gerichte. Es lohnt sich, verschiedene Reissorten vorrätig zu haben. Für Pilaf verwenden Sie einen langkörnigen oder schnell kochenden (vorzugsweise braunen) Reis, der auch für Currys und Wok-Gerichte geeignet ist. Arborio- oder Carnaroli-Reis bildet die Grundlage für Risottos und aus Milchreis zaubern Sie süße Reisspeisen. Couscous und Buchweizen sind schnell zubereitet und ergeben, mit ein paar Gewürzen verfeinert, köstliche Gerichte. Geben Sie einen Löffel Pesto, einige gehackte Kräuter oder Rosinen und geröstete Nüsse dazu. Oder bereiten Sie einen warmen Salat aus Getreidekörnern, gehackten Tomaten, Gurken und Fetakäse zu.

Verschiedene Frühstückscerealien gehören in jeden Vorratsschrank. Ein Frühstück mit Müsli und Cornflakes – und Ihre Kinder haben eine gute Grundlage. Wählen Sie dabei Vollkornprodukte ohne zugesetzten Zucker aus.

KONSERVEN UND ABGEPACKTE NAHRUNGSMITTEL

Gemüsekonserven können gelegentlich eine praktische Alternative zu frischem oder tiefgefrorenem Gemüse sein. Linsen oder Bohnen aus der Dose sind bereits eingeweicht und gekocht und verkürzen die Zubereitungszeit um Stunden.

Viele Kinder mögen Mais; Dosenmais ist rasch zubereitet. Wählen Sie Produkte ohne Zucker- und Salzzusatz und spülen Sie sie vor der Zubereitung gründlich ab.

Linsen werden vor allem mit Würstchen serviert, von Kindern und Erwachsenen gern gegessen – ein paar Dosen gehören in jeden Vorratsschrank. Wählen Sie Produkte, die wenig Zucker und Salz enthalten; verzichten Sie auch auf Produkte, die stattdessen Süßstoffe enthalten. Eine halbe Dose Linsen zählt als eine der fünf Portionen Obst und Gemüse täglich.

Wichtig ist auch eine Auswahl an Dosenfisch, wie Sardinen, Makrelen, Lachs und Thunfisch, aus denen rasch schmackhafte Mahlzeiten oder herzhafte Brotbeläge gezaubert werden können. Darüber hinaus liefern sie auch Omega-3-Fettsäuren, allerdings weniger als Frischfisch.

Fertigeintöpfe aus der Dose enthalten oft viel Salz und Zucker; ein Eintopf ist auch schnell frisch zubereitet. Verzichten Sie auch bei Fleischsuppenwürfel oder -pulver auf Produkte, die viel Salz und Geschmacksstoffe enthalten. Gut geeignet zur Vorrats-

haltung sind Miso-Suppen. Zum Miso-Pulver müssen Sie nur heißes Wasser hinzufügen und es über Nudeln und gedämpftes Gemüse geben. Mit Sesamsamen bestreuen – fertig ist ein schnelles, gesundes Mahl.

LECKEREIEN UND SNACKS

Manche Sachen mögen beinahe alle Kinder – obwohl sie nicht unbedingt gesund sind. Da ein völliger Verzicht sehr hart wäre, lohnt es sich nach gesünderen Varianten Ausschau zu halten. Tomatenketchup z. B. gibt es in inzwischen auch mit wenig Zucker und Salz oder als Bio-Produkt.

Marmelade mit hohem Fruchtanteil und wenig Zucker schmeckt besser und ist gesünder als stark zuckerhaltige Produkte. Der etwas höhere Preis ist wegen des Fruchtgehalts und besseren Geschmacks gerechtfertigt. Diese Marmeladen müssen im Kühlschrank aufbewahrt werden, da sie leichter schimmeln als herkömmliche Marmelade.

Nussbutter oder Nussmus, z. B. aus Erdnüssen, Cashewkernen oder Haselnüssen ist ein beliebter Brotbelag und liefert eine energiereiche Zwischenmahlzeit. Wählen Sie Produkte mit möglichst wenig Zusatzstoffen und ohne Zuckerzusatz. Auch ungesalzene Nüsse und Samenkerne sind ein jederzeit verfügbarer Snack. Geben Sie Kindern unter fünf Jahren keine ganzen Nüsse. Verzichten Sie ganz auf Nüsse, wenn in Ihrer Familie Nussallergien vorkommen. Wenn Sie Nüsse und Samen leicht anrösten, intensiviert sich der Geschmack. Geschälte Nüsse werden schnell ranzig; kaufen Sie daher Nüsse in der Schale und bewahren Sie sie in einem luftdicht verschließbaren Behälter auf.

Trockenobst, das es in reicher Auswahl gibt, liefert rasch Energie sowie Vitamine und Mineralstoffe. Wählen Sie ungeschwefelte Produkte. Schwefel wird als Konservierungsmittel zugesetzt und kann bei empfindlichen Kindern Asthmaanfälle auslösen. Trockenfrüchte können auch viele Gerichte verfeinern und sind praktisch für unterwegs.

Grissinis, Reis-, Hafer- oder Maiswaffeln sind ideale, leckere Zwischenmahlzeiten und gesunde Alternativen zu salzigen, fettreichen Chips und ähnlichen Knabbereien. Meiden Sie Produkte mit künstlichen Zusatzstoffen wie den Geschmacksverstärker Glutamat – je weniger Inhaltsstoffe ein Produkt enthält, desto besser ist es.

Beliebt bei Kindern sind Fruchtschnitten; Sie können auch zuckerarme

Müsliriegel kaufen, die praktisch für unterwegs oder das Pausenfrühstück sind.

Und nicht zuletzt: Erlaubt ist gelegentlich auch ein Stück hochwertige Schokolade – und alle sind glücklich. Milchschokolade sollte mindestens 30 Prozent Kakao und Kochschokolade mindestens 55 Prozent Kakao enthalten. Verzichten Sie auf Schokolade mit unnötigen Zusatzstoffen; weiße Schokolade sollte reine Kakaobutter und kein Pflanzenfett enthalten.

AUS DEM KÜHLSCHRANK

Wenn Sie eine Mahlzeit zaubern wollen – sei es ein schnelles Vesper oder ein Sonntagsessen –, schauen Sie normalerweise zuerst einmal in den Kühlschrank. Was wären wir ohne Eier, Milch und Käse – die am besten gekühlt gelagert werden? Eier ergeben eine leichte Mahlzeit und sind wichtiger Bestandteil vieler Rezepte. Butter und ungehärtete Brotaufstriche sind Margarine und Aufstrichen, die Trans- oder gesättigte Fette enthalten, vorzuziehen.

Käse ist immer schnell zur Hand – bestreuen Sie damit Pizza, bereiten Käsemakkaroni zu oder verwenden ihn für Snacks. Verzichten Sie auf stark verarbeitete Käsezubereitungen, die oft speziell für Kinder in kleinen Portionen angeboten werden. Sie enthalten häufig viele Zusatzstoffe. Kaufen Sie stattdessen hochwertigen, am besten biologischen Käse. Dasselbe gilt für kleine „kindgerechte" Portionen an Wurst oder Aufstrichen.

Tahini (Sesampaste) ist ein idealer Snack; reichen Sie dazu Pittabrot oder Karottenstifte oder geben Sie die Paste auf ein Sandwich. Sie können damit auch Suppen und Eintöpfe verfeinern. Auf dieselbe Weise können Sie Pesto zu Nudeln, Reis oder sogar Kartoffelbrei geben.

Ein paar Joghurts sollten immer im Kühlschrank vorrätig sein; sie sind ein schneller Nachtisch. Verzichten Sie jedoch auf Produkte, die nur wenig Früchte enthalten, aber voller Farb- und Geschmacksstoffen, Süßstoffen und Gelatine stecken. Wählen Sie Produkte mit reinen Früchten und keine Fruchtzubereitungen. Naturjoghurt oder Quark können Sie selbst mit Bananenscheiben, selbst gemachtem Obstmus, gerösteten Nüssen und Samen oder einem Esslöffel Ahornsirup verfeinern.

Tofu (Sojabohnenquark) ist ein vielseitiges Grundnahrungsmittel, vor allem für Vegetarier. Er ist reich an Kalzium, liefert viel Eiweiß und ist sehr vielseitig zu verwenden. Probieren Sie ihn geröstet oder gebraten, mariniert in Sojasauce oder einer Mischung aus Knoblauch, Ingwer, Honig und Sesamöl. Lassen Sie sich von Rezepten inspirieren.

Suppen sind eine schnelle, schmackhafte Mahlzeit. Verzichten Sie möglichst auf Tüten- oder Dosensuppen, die meist viel Salz und Zucker enthalten.

Schon gewusst?

BIOJOGHURT

Biojoghurt ist, wie Joghurt, überall erhältlich. Doch warum ist Biojoghurt besonders gesund? Ein gesunder Darm ist für die Gesundheit von höchster Bedeutung; er stellt sicher, dass die Nahrungsmittel richtig verdaut und die Nährstoffe dorthin transportiert werden, wo der Körper sie benötigt. Die „nützlichen" Bakterien in Biojoghurt stärken das Immunsystem und schützen den Darm vor schädlichen Bakterien. Nach einer Antibiotikakur tragen sie dazu bei, die Darmflora wieder aufzubauen – was bei Kindern besonders wichtig ist.

Tiefkühlgemüse hat oft mehr Nährstoffe, z. B. Vitamin C und Eisen, als frische Produkte, da es unmittelbar nach der Ernte eingefroren wird, während Frischgemüse oft lange Transportzeiten hat, bis es auf Ihrem Teller landet. Einige Packungen Tiefkühlgemüse sollten daher in keiner Tiefkühltruhe fehlen. Besonders empfehlenswert sind Brokkoli, grüne Bohnen, Spinat, Mais oder Karotten – und natürlich Erbsen –, da sie oft das einzige Gemüse sind, das Kinder essen!

GETRÄNKE

Säfte und Fruchtsaftgetränke gibt es in so reicher Auswahl, dass die richtige Wahl oft schwer fällt. Welcher Saft ist naturbelassen und gesund?

Am vitaminreichsten und natürlichsten ist Saft, den Sie zu Hause selbst aus biologisch angebautem, frischem Obst pressen. Wenn Sie eine Saftpresse und eine Tiefkühltruhe besitzen, können Sie Saft auf Vorrat zubereiten und einfrieren.

In Supermärkten und Geschäften finden Sie oft gekühlten, frisch gepressten Fruchtsaft oder Mixgetränke; sie enthalten verhältnismäßig viele Vitamine, wenn einige auch während des Herstellungsprozesses zerstört worden sind. Flaschen und Saftkartons mit der Aufschrift „Fruchtsaftgetränk" enthalten nur einen geringen Anteil an Fruchtsaft, dafür Wasser, Zucker oder Süßstoffe und eventuell weitere Zusatzstoffe.

Es kann sogar sein, dass manche Getränke, die nach Frucht schmecken, gar kein Obst enthalten. Auch wenn ihnen neben den Geschmacksstoffen auch künstliche Vitamine zugesetzt wurden, sind sie doch keine „gesunden" Getränke. Und auch im Kühlregal ist nicht alles reiner Fruchtsaft, was danach aussieht! Lesen Sie immer genau das Etikett.

Beachten Sie, dass jeglicher Fruchtsaft Zucker enthält – sei es natürlicher oder zugesetzter – und damit Karies verursachen kann. Verdünnen Sie Saft mit Wasser oder servieren ihn nur zu den Mahlzeiten. Halten Sie Ihre Kinder dazu an, sich regelmäßig die Zähne zu putzen.

BEWUSST EINKAUFEN

- Frische zahlt sich aus
- Produkte aus der Region wählen
- Bioprodukte bevorzugen auch bei Fleisch und Fisch
- Eier von frei laufenden Hühnern verwenden
- Bei abgepackten oder Fertigprodukten auf Zutaten und Zusatzstoffe achten.
- Sich mit Tiefgefrorenem oder Konserven bevorraten
- Naturbelassene Säfte wählen
- „Gesunde" Leckereien kaufen

Schonend KOCHEN

Die Art, wie Sie kochen und Nahrungsmittel zubereiten, wirkt sich auf deren Nährstoffgehalt aus. Schonende Zubereitung bewahrt Nährstoffe, verzichtet auf übermäßig viel Fett und schützt vor krankmachenden Organismen. Tiefkühlprodukte vor der Zubereitung vollständig auftauen.

GEMÜSE

Grundsätzlich gilt: Obst und Gemüse werden am besten roh verzehrt. Waschen Sie das Gemüse vor der Verwendung sorgfältig, aber weichen Sie es nicht in Wasser ein, weil dabei die wasserlöslichen Vitamine ins Wasser ausgeschwemmt werden. Bei Wurzelgemüse, z. B. Karotten, entfernen Sie unter fließend kaltem Wasser mit einer Gemüsebürste den Schmutz.

Viele Nährstoffe sitzen in oder direkt unter der Schale, sodass Obst und Gemüse möglichst nicht geschält werden sollte. Wenn Ihr Kind lieber geschältes Gemüse mag, kochen Sie es in der Schale und schälen es danach.

Putzen Sie Gemüse nicht zu lange vor dem Kochen oder Servieren, da sich Nährstoffe, wie Vitamin C, verflüchtigen, wenn die Schnittstelle Luft ausgesetzt ist. Das Gleiche gilt für Obst. Nach dem Kochen servieren Sie Gemüse so schnell wie möglich, weil es beim Stehen Nährstoffe verliert.

Dämpfen oder Pfannenrühren ist besser als Kochen – beim Kochen werden wasserlösliche Vitamine, wie B und C, zerstört. Wenn Sie Gemüse im Ganzen oder in großen Stücken kochen, wird der Nährstoffgehalt weitgehend erhalten. Bewahren Sie das Kochwasser auf und verwenden es für Suppen.

FLEISCH

Kaufen Sie möglichst mageres Fleisch und schneiden Sie sichtbares Fett weg. Dadurch verringert sich die Garzeit um etwa 20 Prozent. Fettarme Zubereitungsmethoden, wie Dämpfen, Schmoren oder Grillen, sind zu bevorzugen. Wenn Sie eine Kasserolle zubereiten, sollten Sie das Fett regelmäßig abschöpfen. Fleisch sollte nach Möglichkeit nicht gebraten werden; wenn Sie aufs Braten nicht verzichten wollen, verwenden Sie dazu Oliven- oder Rapsöl statt Butter. Diese Fette sind reich an einfach ungesättigten Fetten. Oder Sie verwenden eine beschichtete Pfanne und verzichten auf das Bratfett. Beim Grillen legen Sie das Fleisch auf ein Gitter, damit das Fett abtropfen kann.

GEFLÜGEL

Bei der Zubereitung eines ganzen Tieres spülen Sie das Geflügel innen und außen gründlich ab. Schneiden Sie die Haut ein, damit das Fett ablaufen kann, und legen das Geflügel auf ein Gitter. Geflügel muss wegen der Gefahr einer Salmonellenvergiftung gründlich durchgegart werden. Mit einem Fleischthermometer können Sie überprüfen, ob die Gartemperatur im Brustteil 82 °C und in den Flügeln 77 °C erreicht. Das Geflügel ist durchgegart, wenn der auslaufende Bratensaft beim Einstechen mit einer Gabel klar bleibt. Pfannenrühren, pochieren und im Ofen backen sind fettarme Zubereitungsmethoden. Entfernen Sie vor dem Servieren die Haut, da sie sehr viel Fett enthält.

Die MAHLZEITEN

Für ein klares Denken, eine konstante Energieversorgung und anhaltende Konzentration spielt nicht nur eine Rolle, was Kinder essen, sondern auch, wann sie essen. Kinder reagieren besonders stark auf einen Abfall des Blutzuckerspiegels, der zu Stimmungsschwankungen, Reizbarkeit und nachlassender Aufmerksamkeit führen kann. Regelmäßige, über den Tag verteilte, gesunde Mahlzeiten, ergänzt durch nährstoffreiche Snacks und ausreichend Flüssigkeit, sind daher wichtig.

DAS FRÜHSTÜCK

Ernährungswissenschaftler sind sich weitgehend einig – und es wurde auch durch Studien untermauert –, dass Kinder, die ein anständiges Frühstück zu sich nehmen, in der Schule bessere Leistungen erbringen. Das Frühstück wird oft als die wichtigste Mahlzeit des Tages betrachtet, da es den Spiegel an unverzichtbaren Nährstoffen für das Gehirn wie auch den Blutzucker (Glukose), die über Nacht abgesunken sind, hebt. Das Frühstück aktiviert auch den Stoffwechsel, der sich nachts verlangsamt. Mehr noch: Untersuchungen zeigten, dass das Auslassen der ersten Mahlzeit

Frühstücksideen

Das Frühstück sollte idealerweise den Hunger stillen und den Körper mit lang anhaltender Energie versorgen, ohne zu viel Fett zu enthalten oder den Blutzuckerspiegel abrupt anschnellen zu lassen – was der Fall ist, wenn das Kind zuckerreiche Frühstückscerealien isst. Das Frühstück sollte 25 Prozent der Nährstoffmenge des Tages ausmachen.
Auf Seite 48 finden Sie Frühstücksrezepte; hier einige weitere Vorschläge für einen schnellen, gesunden Start in den Tag:

- Haferbrei mit Bananenscheiben
- Weich gekochtes oder pochiertes Ei auf Vollkorntoast
- Frischer Fruchtsaft
- Zuckerarme Frühstückscerealien mit Obst und Milch
- Joghurt mit Früchten
- Bohnen auf Toast
- Gegrillte Tomate und Schinken oder Würstchen mit Vollkorntoast
- Pfannkuchen aus Vollkornmehl mit Früchten
- Vollkornmuffin oder Brot mit zuckerarmer Marmelade, Hefeextrakt oder Erdnussbutter
- Pochierter oder gegrillter Fisch

dazu führen kann, dass Kinder sich angewöhnen, tagsüber immer wieder Ungesundes zu naschen und keinen Mahlzeitenrhythmus entwickeln. Dies gilt besonders für Kinder, die das Haus mit leerem Magen verlassen und auf dem Schulweg Süßigkeiten kaufen.

Viele Studien zeigen, dass Kinder, die nicht frühstücken, im Vergleich zu anderen beim Rechnen, Problemlösen, bei der Informationsauswahl und Informationswiedergabe sowie der Sprachfähigkeit weniger gute Leistungen erbringen. Ihr Körper erhält nach dem Aufwachen nicht den „Brennstoff", den er benötigt. Infolgedessen schaltet er auf „Überlebensmodus" und setzt nur für Notfälle Energie frei. Dies bedeutet, dass der Körper, und speziell das Gehirn, nicht ausreichend mit der so dringend benötigten Glukose versorgt wird. Symptome wie Konzentrationsmangel und Gedächtnisprobleme sind Anzeichen für eine Unterversorgung des Gehirns.

KOHLENHYDRATE ODER EIWEIß?

Gemeinhin geht man davon aus, dass vor allem der Kohlenhydratanteil des Frühstücks für die Gehirnfunktion von Bedeutung ist – Frühstückscerealien und Vollkorntoast sind gute Beispiele. Cerealien sind häufig mit Vitaminen und Mineralstoffen angereichert, einschließlich B-Vitamine und Eisen, die die Energiebildung unterstützen. Sie liefern auch Glukose, den wichtigsten Brennstoff für das Gehirn; die Milch, die dazu gereicht wird, liefert Kalzium, B-Vitamine, Zink und Magnesium.

Im Widerspruch dazu stehen Untersuchungen, die nahe legen, dass ein Frühstück mit viel Eiweiß besser ist für die Anregung des Gehirns und länger sättigt als eine kohlenhydratreiche Mahlzeit. Dies könnte darauf zurückzuführen sein, dass Eiweiß die Freisetzung von Substanzen fördert, die die Aufmerksamkeit erhöhen und das Reaktionsvermögen beschleunigen. Dies wiederum hätte zur Folge, dass eiweißreiche Nahrungsmittel, wie Eier, Milch, Joghurt, dicke Bohnen und Fisch, für die morgendliche Stimulierung des Gehirns eine besondere Rolle spielen. Da allerdings unbekannt ist, in welchem Verhältnis Eiweiß und Kohlenhydrate dabei stehen sollten, ist es am besten, bei jeder Mahlzeit, auch beim Frühstück, beides in ausreichender Menge anzubieten.

DAS MITTAGESSEN

Ein vollwertiges Mittagessen, ob zu Hause verzehrt oder als Mittagsmahlzeit in die Schule mitgenommen,

Nährstoff
KUNDE

SCHNELLE SNACK-IDEEN

- Vollkornmuffin mit zerdrückter Banane
- Haferwaffeln mit Frischkäse
- Eier-Brot
- Weich gekochtes Ei mit Toaststreifen, bestrichen mit Hefeextrakt
- Erdnussbutter auf Sesam-Bagel
- Tahini und Gemüsesticks
- Trockenobst und Nüsse
- Geröstete Sonnenblumenkerne und Kürbiskerne
- Sauerteigfladen
- Obststücke: Apfelscheiben, Melone, Pfirsich
- Eine Hand voll Weintrauben oder Erdbeeren
- Vollkornkuchen

ist für die Aufrechterhaltung des Energiespiegels, der Gedächtnisleistung, des Konzentrations- und Lernvermögens wichtig. Das an einigen Schulen erhältliche Mittagessen steht immer wieder in der Kritik; vielerorts werden inzwischen auch „gesunde" Mahlzeiten angeboten. Leider wählen Kinder aber oft gerade nicht die gesunden Speisen aus. Oft kennen Kinder die Grundlagen einer gesunden Ernährung gar nicht und laden ihre Teller mit raffinierten Kohlenhydraten und fettreichen Speisen voll.

Wenn Sie Ihrem Kind für die Mittagszeit ein gutes Vesper mitgeben, können Sie seine Ernährung am besten unter Kontrolle halten. Wenn man morgens selbst unter Zeitdruck steht, ist es schwierig, abwechslungsreiche Lunchpakete zusammenzustellen, und man greift allzu leicht auf die altbekannte Variante, Sandwich, Kekse, Schokoladenriegel und einen Apfel, zurück. Doch Abwechslung muss sein. Geben Sie Ihrem Kind verschiedenes Obst mit, z. B. eine halbe Avocado, eine Kiwi, Melonenwürfel oder Trockenobst. Auch beim Brot gibt es viele Alternativen – Brötchen, Chiabatta, Muffins bis hin zu Tortillas, die schmackhaft gefüllt werden können. In einer Thermoskanne können Sie Ihrem Kind im Winter heiße Suppe mitgeben. Auch Reis-, Kartoffel- oder Nudelsalat kann man gut mitnehmen. Auf Seite 44 f. finden Sie weitere Tipps und Anregungen für das Schulvesper.

Gemäß den widersprüchlichen Forschungen im Hinblick auf das Verhältnis von Eiweiß und Kohlenhydraten beim Frühstück, empfehlen Ernährungswissenschaftler mal die einen, mal die anderen Richtlinien zur Zusammenstellung. Eiweißhaltige Nahrungsmittel gelten als besser für die Gehirnaktivierung und Aufmerksamkeit und sie beugen einem Energieabfall am Nachmittag vor, den viele Kinder erfahren. Andererseits gilt gemeinhin, dass kohlenhydratreiche Nahrungsmittel, die in Glukose umgewandelt werden, der wichtigste Brennstofflieferant für das Gehirn sind und den Hauptanteil jeder Mahlzeit des Tages ausmachen sollten.

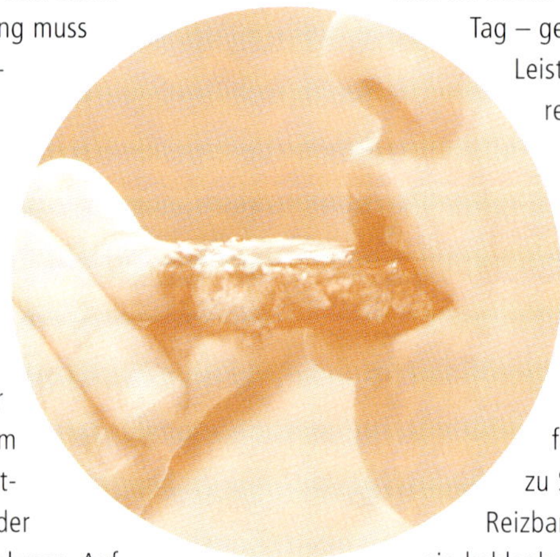

ZWISCHENMAHLZEITEN

Früher wurde von Ernährungswissenschaftler davon abgeraten, zwischen den Mahlzeiten zu essen. Inzwischen gilt es als gesichert, dass Kinder öfter eine Kleinigkeit essen sollten, da ihr Glukosevorrat schneller abgebaut wird als bei Erwachsenen. Empfehlenswert sind für Kinder zwei Zwischenmahlzeiten am Tag – gesunde natürlich –, um die Leistungsfähigkeit des Gehirns aufrechtzuerhalten und den Blutzuckerspiegel konstant zu halten. Verzichten Sie dabei auf fett- und zuckerreiche Snacks und Getränke, die das Kind nur kurzzeitig aufputschen. Auf den raschen Anstieg des Blutzuckers folgt ein plötzlicher Abfall, der zu Stimmungsschwankungen und Reizbarkeit führt. Schlaffördernd kann ein kohlenhydratreicher Snack, wie Toast, ein Muffin oder Brötchen, ein oder zwei Stunden vor der Schlafenszeit wirken, da Kohlenhydrate die Produktion von Serotonin, das beruhigend wirkt, anregt. Auch nächtlichem Hungergefühl infolge eines Abfallens des Blutzuckerspiegels, das zum Aufwachen führen kann, wird dadurch vorgebeugt.

DAS ABENDESSEN

Die Empfehlung, zum Abendessen mehr Kohlenhydrate als Eiweiß zu sich zu nehmen, stammt aus derselben Studie, die einen höheren Eiweiß- als Kohlenhydratanteil beim Frühstück empfiehlt. Kohlenhydrate, z. B. in Nudeln, Reis, Couscous und Kartoffeln, regen die Freisetzung des Botenstoffs Serotonin an, der beruhigend und schlaffördernd wirken soll (siehe Seite 23). Wenn Ihr Kind am Ende des Tages beson-ders aktiv oder überdreht ist, lohnt sich der Versuch, ihm abends mehr Kohlenhydrate zu geben. Vergessen Sie aber nicht, wie wichtig Eiweiß ist. Es ist unerlässlich, verschiedene eiweißreiche Nahrungsmittel zu sich zu nehmen, um ein Gleichgewicht der essenziellen Aminosäuren, die über die Ernährung dem Körper zugeführt werden müssen und notwendig sind für die Bildung der Botenstoffe des Gehirns, sicherzustellen. Wählen Sie Fleisch, Fisch, Eier, Bohnen, Linsen, Käse, Nüsse und Samen aus biologischem Anbau.

Für viele Kinder ist die Abendmahlzeit die Hauptmahlzeit des Tages; spornen Sie Ihr Kind an, dabei möglichst viel Obst und Gemüse zu verzehren, damit die täglich empfohlene Menge von fünf Portionen abgedeckt wird.

DAS PAUSENVESPER

Auch wenn das Richten des täglichen Pausenvespers vielen Eltern eher lästig ist, so kann ein bewusst zusammengestelltes Lunchpaket doch einen wichtigen Beitrag zu einer rundum gesunden Ernährung bieten.

DIE „PRÄSENTATION"

Vielleicht sind Sie etwas verwundert, wenn wir zunächst über die Vesperdose selbst sprechen, noch bevor wir uns überlegen, was man am besten hineintut. Doch das Aussehen ist für Kinder viel wichtiger, als viele Erwachsene denken. Das Vesper wird viel lieber verzehrt, wenn es in einer ansprechenden Dose, mundgerecht geschnitten und eventuell mit einer Serviette versehen, mitgegeben wird. Wählen Sie eine stabile Dose, damit die Speisen nicht zerdrückt werden. Eine Dose mit Bild oder Aufschrift ist nur dann angebracht, wenn der Aufdruck altersgemäß ist und Ihrem Kind gefällt. Im Sommer können Sie ein Kühlelement in die Vesperdose legen, damit das Vesper frisch bleibt. Manche Dosen sind in Segmente unterteilt; so bleiben verschiedene „Gänge", z. B. ein belegtes Brötchen, etwas Obst und ein paar Vollkornkekse, schön getrennt.

DAS DURCHSCHNITTSVESPER

Nur allzu leicht wird man von den Produkten der Lebensmittelindustrie verleitet, wenn man wenig Zeit und Fantasie hat. Folgende Pausenvesper versprechen viel, halten aber wenig.

- Konzentrierte Fruchtsaftgetränke greifen den Zahnschmelz an und haben einen niedrigen Fruchtgehalt.
- Bananen sind ein idealer Energielieferant, aber der Albtraum jeder Vesperdose – wenn sie zerdrückt werden, werden sie schwarz und schleimig.
- Viele Müsliriegel bieten nur wenig „langsam verfügbare" Energie. Sie enthalten viel Zucker und Kalorien und sind teuer.

- Eingelegtes Obst enthält oft viel Zucker sowie andere Zusatzstoffe und ist daher nicht zu empfehlen.
- Bei Weißbrot wurden Ballaststoffe und Nährstoffe ausgemahlen. Der Wurstaufstrich hier enthält nur minderwertiges Fleisch und sehr viele geschmacksverstärkende Zusatzstoffe.
- Kartoffelchips enthalten sehr viel Fett und Zusatzstoffe. Fettreduzierte Chips enthalten dafür mehr Zucker oder chemische Bindemittel.

EIN GESUNDES VESPER

Die unten angeführten Lunchpakete zeigen, worauf Sie beim Nährstoffgehalt achten sollten. Das Vesper muss sowohl eiweiß- wie kohlenhydrathaltige Lebensmittel enthalten, damit eine konstante Energieversorgung sowie gleich bleibende Konzentrations-, Gedächtnis- und IQ-Leistungen sowie eine dauerhafte Aufmerksamkeit sichergestellt werden. Frisches Obst und Gemüse ist ein Muss.

Gestalten Sie das Vesper möglichst abwechslungsreich. Egal, wie gesund es auch sein mag: Wenn Ihr Kind ein Nahrungsmittel nicht mag, widerstehen Sie der Versuchung, es ihm dennoch mitzugeben. Es wird sein Vesper sonst gar nicht mehr anrühren.

- Verdünnter frisch gepresster Fruchtsaft oder Wasser sind konzentrierten oder kohlensäurehaltigen Getränken vorzuziehen; die Energiezufuhr sollte immer durch Nahrungsmittel mit komplexen Kohlenhydraten, die langsam abgebaut werden, gedeckt werden, nicht mit süßen Limonaden. Eine ausreichende Flüssigkeitszufuhr ist für eine anhaltende Konzentrationsfähigkeit wichtig.

- Joghurt oder Quark in kleinen Bechern wirken als Kühlmittel, wenn sie vorgefroren werden. Kaufen Sie nur Produkte mit hohem Fruchtgehalt. Sie können Fruchtzubereitungen auch selbst herstellen – rühren Sie Obstmus in einen Becher Natur-Biojoghurt.

- Vitamin-C-reiche Früchte fördern die Eisenresorption und unterstützen den Energiestoffwechsel.

- Sellerie- und Karottenstifte versorgen den Körper ebenso wie rote Paprika, Gurke, Zuckerschoten usw. mit vielen verschiedenen Vitaminen; sie schmecken lecker mit einem Dip aus Tahini.

- Wenn Sie Müsliriegel selbst herstellen (siehe Seite 50), können Sie die Zutaten selbst bestimmen und Geld sparen.

- Vollkornbrot liefert Ballaststoffe und ist nährstoffreicher als Weißbrot. Butter wird schnell weich und ranzig; bestreichen Sie das Brot besser mit ein wenig Mayonnaise und geben ein paar Salatblätter auf den Belag, damit er nicht zu trocken wird. Käse, Eier, Dosenfisch oder hochwertiger Schinken sind ein schneller und gesunder Brotbelag und enthalten viel Eiweiß.

Power
für helle Köpfe
REZEPTE

Bei der Entwicklung dieser Rezepte wurde der Geschmack von Kindern berücksichtigt, doch auch Erwachsene werden die Gerichte mögen. Sie zeigen, wie einfach und unkompliziert gesunde Familienmahlzeiten sein können. So macht Kochen und Genießen Spaß. Die Rezepte enthalten Lebensmittel, denen man nachsagt, besonders vorteilhaft fürs Gehirn zu sein, und die in einigen Fällen Intelligenz, Gedächtnis, Konzentrationsfähigkeit und -dauer verbessern können.

EIN GUTER **START**

Die wichtigste Mahlzeit des Tages ist das Frühstück. Es liefert lebenswichtige Nährstoffe für das Gehirn und füllt die über Nacht entleerten Energiespeicher wieder auf. Neueste Forschungsergebnisse deuten darauf hin, dass Kinder, die richtig gefrühstückt haben, in der Schule leistungsfähiger sind.

CLEVER CLUSTERS

In den meisten Frühstückscerealien stecken große Mengen Zucker und – überraschenderweise auch Salz. Sie können mehr enthalten als z. B. Kartoffelchips. Bereiten Sie doch diese leckere knusprige Cerealienmischung selbst zu – eine Art Müsli mit einer nährstoffreichen Kombination aus Früchten, Nüssen, Haferflocken und Samen. Sie liefert Energie für den Tag. Sie können für dieses Rezept natürlich auch Ihre Lieblingsfrüchte nehmen.

Für ca. 20 Portionen
100 g Haselnusskerne
60 g geschälte Mandeln
250 g Vollkornhaferflocken
70 g Sonnenblumenkerne
35 g Sesamsaat
3 EL Rapsöl, Sonnenblumenöl oder Öl mit Omega-3-Fettsäuren
6 EL Honig
100 g getrocknete Datteln, gehackt
100 g getrocknete ungeschwefelte Aprikosen, grob gehackt
Milch oder Bio-Naturjoghurt

1. Den Backofen auf 140 °C vorheizen. Haselnüsse und Mandeln in einen Gefrierbeutel geben, mit dem Teigroller in große Stücke zerbrechen. Nüsse, Mandeln, Haferflocken, Kerne und Samen in eine Schüssel geben.
2. Öl und Honig langsam in einem Kochtopf erhitzen, bis der Honig flüssig ist, dann in die Nussmischung rühren.

INFO BOX

Nüsse und Samen enthalten eine Menge Nährstoffe fürs Gehirn. Sie sind eine ausgezeichnete Quelle für B-Vitamine, Eisen, Vitamin E, Zink, Selen und den lebenswichtigen Omega-6-Fettsäuren.
In **Vollkornhaferflocken** stecken komplexe Kohlenhydrate. Sie helfen, den Blutzuckerspiegel stabil zu halten und geben damit dem Gehirn die Möglichkeit, effizient zu arbeiten.

3. Die Mischung gleichmäßig auf zwei Backbleche streichen und 35 Minuten backen. Dabei gelegentlich durchrühren. Das Ganze sollte goldbraun und leicht knusprig werden. (Es wird noch knuspriger, wenn es abkühlt.)
4. Die Mischung in eine Schüssel geben. Datteln und Aprikosen darunter mischen. Alles abkühlen lassen. In einem luftdicht geschlossenen Behälter aufbewahren. Zusammen mit Milch oder Joghurt servieren.

WUNDER-CRUNCH

Frühstückscerealien des Müslityps, die durch die knusprige, gehirngerechte Kombination ihren Namen zu Recht verdient.

Für ca. 20 Portionen
75 g Mandelblättchen
60 g Paranüsse, gehackt
70 g Sonnenblumenkerne
60 g Kürbiskerne
400 g Weizenflocken
200 g ungeschwefelte getrocknete Aprikosen, fein gehackt
200 g Rosinen

1. Mandeln, Paranüsse, Sonnenblumenkerne und Kürbiskerne in einer trockenen Pfanne bei mittlerer Hitze etwa 3 Minuten goldbraun rösten, dabei häufig rühren. Abkühlen lassen.
2. Die gerösteten Nüsse und Samen, Weizenflocken und getrockneten Früchte in eine große Schüssel geben und gut mischen. Nach Belieben mit Milch, Bio-Naturjoghurt und frischen Früchten servieren.

INFO BOX

Weizenflocken liefern viele verschiedene Nährstoffe. Neben komplexen Kohlenhydraten enthalten sie auch etwas Eiweiß, beides wichtig fürs Gehirn. Außerdem helfen sie, den Energie- und Blutzuckerspiegel stabil zu halten.

BANANENJOGHURT

Dieses einfache Frühstück liefert viel Eiweiß fürs Gehirn, darüber hinaus lebenswichtige Vitamine und Mineralstoffe für den kommenden Tag. Bio-Naturjoghurt enthält Bakterien, die die Darmflora - besonders nach Antibiotikaeinnahme oder Magen-Darm-Verstimmungen – wieder ins Gleichgewicht bringen können. Sie fördern auch die Nährstoffaufnahme.

Für 2 Personen

2 EL gemischte Samen, wie Sonnenblumenkerne, Kürbiskerne und Sesamsamen
2 kleine Bananen
250 g Bio-Naturjoghurt
2 EL Ahornsirup

1. Die Samen und Kerne in einer trockenen Pfanne goldgelb rösten, dabei häufig wenden.
2. Bananen in Scheiben schneiden und in 2 Gläser oder Schalen geben. Joghurt darauf geben, Samen und Kerne darüber streuen. Ahornsirup darüber träufeln.

INFO BOX

Nüsse und Samen sind zwar klein, aber im Hinblick auf Nährstoffe, die fürs Gehirn wichtig sind, echte Goliaths. Denn sie enthalten essentielle Omega-6-Fettsäuren, Zink, Magnesium und Vitamin E.

POWERFRÜHSTÜCKSRIEGEL

Das Frühstück ist zweifellos die wichtigste Mahlzeit des Tages, denn sie füllt die Nährstoffspeicher nach der Nacht wieder auf. Wenn die Zeit morgens sehr knapp ist, kann dieser Riegel aus Haferflocken, Äpfeln und Samen – vor allem an Schultagen – ein wirklicher Segen sein. Mit Milch oder frischem Fruchtsaft servieren.

Ergibt 10 Riegel

100 g Butter
100 g Rohrohrzucker
4 EL Zuckerrohrsirup oder Honig
200 g feine Haferflocken
2 EL Sonnenblumenkerne
1 EL Sesamsaat
1 EL Kürbiskerne
1 Apfel, ohne Kerngehäuse, geraspelt

1. Den Backofen auf 180 °C vorheizen. Eine quadratische Backform (20 x 20 cm) einfetten. Die Butter bei niedriger Hitze in einem Topf schmelzen, Zucker sowie Sirup oder Honig zufügen. Alles erwärmen, aber nicht kochen lassen.
2. Haferflocken, Samen und Apfel in eine Schüssel füllen, die Buttermischung darüber geben, alles mischen und in die vorbereitete Backform geben.
3. Die Mischung 25–30 Minuten goldbraun und leicht knusprig backen. Noch warm in 10 Riegel schneiden und auf dem Blech abkühlen lassen, damit die Riegel knuspriger werden.

APFELCROISSANT

Warme Croissants mit fein gewürztem Apfelkompott schmecken einfach köstlich. Die Äpfel können auch püriert und in Bio-Naturjoghurt gerührt werden: eine gesunde Abwechslung zu gekauftem Frucht-Joghurt.

Für 2 Personen
2 Äpfel, ohne Kerngehäuse, geschält und grob gewürfelt
½ TL gemahlener Zimt
1 sehr kleines Stück Butter
1 Spritzer frisch gepresster Zitronensaft
6 EL Wasser
2 Croissants
geröstete Mandeln zum Bestreuen
Bio-Naturjoghurt

INFO BOX

Joghurt ist ein erstklassiger Eiweißlieferant und besonders zu empfehlen, wenn Körper und Geist am Morgen schnell durchstarten müssen.

1. Äpfel, Zimt, Butter, Zitronensaft (damit die Äpfel nicht braun werden) und Wasser in einen Topf mit dickem Boden geben. Leicht abgedeckt bei mittlerer Hitze etwa 20 Minuten weich dünsten. Die Äpfel mit einer Gabel leicht zerdrücken.
2. Croissants erwärmen, halbieren und mit dem Apfelkompott füllen. Geröstete Mandeln darüber streuen und mit einem Löffel Joghurt servieren.

LUSTIGES BEERENJOGHURT

Viele Kinder mögen keine Stückchen im Essen und diese Abneigung kann unglücklicherweise auch Beeren beinhalten. Dieses Kompott wird durch ein Sieb gestrichen und störende Kerne und Schalen werden entfernt. Die intensiv-fruchtige, rote Sauce schmeckt köstlich in Naturjoghurt, mit etwas Müslimischung bestreut.

Für 2–4 Personen
300 g gemischte Beeren, wie Erdbeeren, Himbeeren und Kirschen
1–2 EL feiner Zucker
1 EL Stärke
Clever Clusters (siehe Seite 49)
Bio-Naturjoghurt

1. Die Stiele der Beeren und die Kirschkerne entfernen. Die Früchte in einer Küchenmaschine oder einem Mixer pürieren. Das Püree durch ein Sieb in einen Topf streichen. Ein wenig Zucker und Stärke zum Püree geben und alles kurz erhitzen, bis das Püree andickt. Dabei häufig rühren. Wenn nötig, noch ein wenig nachsüßen.
2. Ein paar Löffel Clever Clusters in ein Glas oder ein Schälchen geben, erst ein paar Löffel Joghurt, dann etwas Fruchtpüree und wieder etwas Joghurt darauf geben. Zum Schluss mit Clever Clusters bestreuen.

INFO BOX

Beeren enthalten Anthocyane, wirkungsvolle Substanzen, die zu den Antioxidantien gehören. Sie können Gehirnzellen gegen schädigende freie Radikale und Toxine schützen.

INFO BOX

Haferflocken enthalten eine Mischung an wichtigen Nährstoffen: B-Vitamine, Magnesium, Kalium und Kalzium, das auch in der Milch steckt. Sie liefern auch Tryptophan. Dies wird im Gehirn in Serotonin umgewandelt und hellt die Stimmung auf.

Aprikosen sind eine gute Quelle für Eisen. Ein Mangel davon wird mit Depressionen und Lernschwierigkeiten in Verbindung gebracht.

HAFERBREI MIT APRIKOSENKLECKS

Eine Schale mit warmem Haferbrei, dem englischen Porridge, ist der ideale Start in den Tag. Haferflocken werden langsam verdaut und helfen den Energie- und den Blutzuckerspiegel stabil zu halten. Nach Belieben ein wenig Leinsamen darüber streuen.

Für 2 Personen

125 g ungeschwefelte getrocknete Aprikosen, grob gehackt
150 ml Apfelsaft (Direktsaft)
150 ml Wasser

Für den Haferbrei:

100 g feine Haferflocken
1 TL Weizenkeime (nach Belieben)
250 ml Milch
1 TL flüssiger Honig (nach Belieben)
Leinsamen zum Bestreuen (nach Belieben)

1. Aprikosen zusammen mit Apfelsaft und Wasser aufkochen. Den Topf abdecken, die Hitze reduzieren und die Früchte etwa 30 Minuten weich dünsten. Früchte und restlichen Sud in einer Küchenmaschine oder einem Mixer fein pürieren. Das Ganze abkühlen lassen.
2. Für den Haferbrei (Porridge) Haferflocken, Weizenkeime (nach Belieben) und Milch in einen Kochtopf geben. Alles zum Kochen bringen, dabei gelegentlich umrühren. Die Hitze reduzieren. Haferflocken und Weizenkeime etwa 4 Minuten köcheln lassen, dabei gelegentlich umrühren. Der Haferbrei sollte weich und cremig sein.
3. Den Haferbrei in 2 Schalen füllen, Aprikosen darauf geben oder leicht darunter rühren. Mit Honig beträufeln und nach Belieben mit Leinsamen bestreuen.

DATTEL-VANILLE-AUFSTRICH

Hier eine zuckerarme Alternative zu herkömmlichen Marmeladen, die in der Regel von Haus aus zuckerreich sind und von denen einige relativ wenig Frucht enthalten. Ein Teelöffel dieses reichhaltigen Aufstrichs schmeckt köstlich auf frisches Vollkornbrot, Vollkornmuffins, Brioche oder Rosinenbrot. Er kann auch unter Joghurt oder Porridge gerührt oder in Pfannkuchen gefüllt werden.

200 g getrocknete Datteln, gehackt
250 ml Wasser
1 TL gemahlene Vanille

1. Datteln und Wasser in einem Topf mit dickem Boden zum Kochen bringen, die Hitze reduzieren. Den Topf abdecken und die Datteln etwa 20 Minuten weich köcheln. Sie haben dann das Wasser fast vollständig aufgenommen.
2. Die Datteln und das verbliebene Wasser mit der Vanille in einer Küchenmaschine oder einem Mixer fein pürieren. Das Ganze abkühlen lassen und zum Aufbewahren in einen luftdichten Behälter geben. Hält sich im Kühlschrank bis zu einer Woche.

INFO BOX

Getrocknete Datteln enthalten wertvolle Mengen an Eisen, B-Vitaminen, Magnesium und Kalium. Sie sind wichtig für ein gesundes Nervensystem und fürs Lernen. Zwar sind getrocknete Früchte reich an Zucker, ihre Ballaststoffe sorgen jedoch dafür, dass er langsamer freigesetzt wird, sodass der Blutzuckerspiegel nur allmählich ansteigt.

EI-SPION

Dieses Frühstück beflügelt die Fantasie der Kinder und liefert – durch die Kombination aus Kohlenhydraten und Eiweiß – den perfekten „Kraftstoff" fürs Gehirn. Für ein typisch englisches Frühstück sind gegrillte Tomaten und Baked Beans als Beilage ein Muss.

Für 1 Person
1 Scheibe Vollkornbrot mit Samen und Kernen
Butter zum Bestreichen
1 Ei
gegrillte Tomaten oder Baked Beans, als Beilage

1. Den Backofengrill vorheizen. Mit einem Ausstecher aus dem Brot einen Kreis (5 cm Durchmesser) ausstechen.
2. Das Backblech mit Alufolie belegen. Eine Seite des Brotes rösten, das Brot wenden, mit Butter bestreichen. Das Ei aufschlagen und in den ausgestochenen Brotkreis geben. Das Ganze 3–5 Minuten grillen, bis das Ei fest ist.
3. Das Ei-Brot mit einem Pfannenheber auf einen Teller heben und sofort mit Grilltomaten oder Baked Beans servieren.

KARTOFFELKÜCHLEIN MIT SPECK

Kleine Küchlein gehören zu einem englischen Frühstück. Diese hier sind ideal, um Reste von Kartoffelbrei zu verwerten. Sie schmecken in herzhafter oder süßer Begleitung – entweder mit guten Würstchen oder Baked Beans oder auch mit Ahornsirup beträufelt.

Für 4 Personen
100 g kalter Kartoffelbrei
200 ml Milch
75 g Vollkornmehl
3/4 TL Backpulver
1 Prise Salz
1 Ei, verquirlt
Sonnenblumenöl zum Braten
magerer Frühstücksspeck, knusprig gegrillt, und gegrillte Tomaten, als Beilage
Ahornsirup zum Beträufeln (nach Belieben)

1. Kartoffelbrei und Milch in einer Küchenmaschine oder einem Mixer mischen und so den Brei verflüssigen.
2. Mehl, Backpulver und Salz in eine Schüssel geben, in die Mitte eine Vertiefung drücken. Das verquirlte Ei hineingeben, langsam mit dem Mehl mischen und den Kartoffelbrei nach und nach dazugeben. Alles zu einem glatten, dicken Teig verrühren.
3. Ein wenig Öl in einer großen beschichteten Pfanne erhitzen. Pro Küchlein eine kleine Schöpfkelle voll Teig in die Pfanne geben und diese von jeder Seite etwa 2 Minuten goldbraun braten. Eventuell die Küchlein in zwei Portionen backen. Die Küchlein warm halten, bis alle fertig gebacken sind.
4. Mit Frühstücksspeck und Grilltomaten oder Ahornsirup beträufelt servieren.

WIRSING-KARTOFFEL-KÜCHLEIN

Kohl ist bei Kindern nicht immer beliebt, aber das liegt wohl daran, dass er gewöhnlich verkocht wird. Hier bleibt er knackig und wird teilweise in knusprige Käsekruste gehüllt.

Ergibt 6 Küchlein

60 g Wirsing, sehr fein geschnitten
250 g kalter Kartoffelbrei
60 g mittelalter Gouda oder Cheddar, gerieben
1 TL Dijonsenf
Salz und Pfeffer
1 kleines Ei, verquirlt
Mehl zum Panieren
Sonnenblumenöl zum Braten

1. Den Wirsing etwa 3 Minuten dämpfen. Er sollte noch bissfest sein. Abkühlen lassen und mit den Händen so viel Flüssigkeit wie möglich ausdrücken.
2. Den Wirsing mit Kartoffelbrei, Käse und Senf mischen und alles würzen. Das Ei gut darunter rühren.
3. Die Mischung in 6 Portionen teilen und jede Portion mit bemehlten Händen zu einem flachen Küchlein formen. Jedes Küchlein in Mehl wenden und überschüssiges Mehl entfernen.
4. So viel Öl in eine große, schwere Pfanne geben, dass der Boden bedeckt ist. Das Öl erhitzen, je drei Küchlein auf einmal auf jeder Seite in 3–4 Minuten goldbraun braten. Dann die nächste Portion braten. Die Küchlein vor dem Servieren auf Küchenpapier abtropfen lassen.

INFO BOX

Kohl ist eine wertvolle Quelle für antioxidative Vitamine, wie Vitamin C, E und Betakarotin, die das Gehirn schützen können. Der **Käse und das Ei** liefern außerdem wichtiges Eiweiß fürs Gehirn.

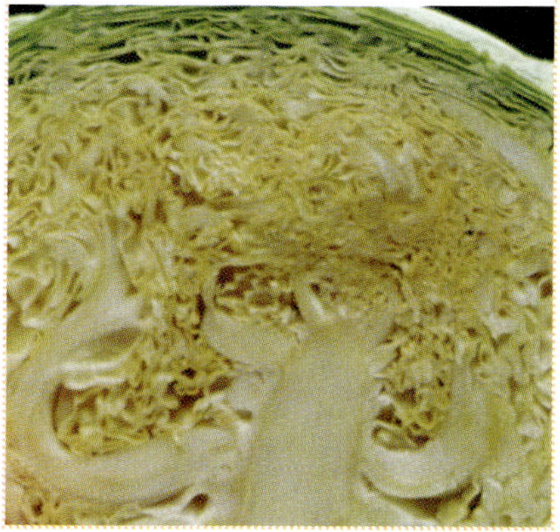

SCHNELLSTART-BRUNCH

Kinder mögen dieses Frühstück aus der Pfanne. Es ist einer italienischen Frittata ziemlich ähnlich. Gehackter Frühstücksspeck, Zwiebeln und Pilze können anstelle der Wurst und der Tomaten verwendet werden. Das Gericht schmeckt auch als Zwischenmahlzeit am Nachmittag.

Für 3–4 Personen
3 Würste von guter Qualität (oder vegetarische Würstchen)
Sonnenblumenöl zum Braten
4 mittelgroße gekochte Kartoffeln, abgekühlt und geviertelt
6 Kirschtomaten
3 Eier, verquirlt
Salz und Pfeffer
getoastetes Vollkornbrot als Beilage

1. Den Backofengrill auf mittlere Hitze vorheizen. Die Würste auf einem Backblech so lange grillen, bis sie gar und goldbraun sind. Leicht abkühlen lassen, dann in große Stücke schneiden.
2. Inzwischen ein wenig Öl in einer mittelgroßen schweren Bratpfanne mit einem ofenfesten Griff erhitzen. Die Kartoffeln darin auf allen Seiten goldbraun braten, dann die Tomaten zufügen und alles weitere 2 Minuten braten. Die Wurststücke dazugeben und gleichmäßig verteilen.
3. Wenn nötig, noch etwas Öl dazugeben. Die Eier würzen, über die Zutaten in der Pfanne geben und das Ganze etwa 3 Minuten braten. Dabei nicht rühren. Das Omelette unter dem vorgeheizten Grill etwa 3 Minuten garen. Das Omelette in Stücke schneiden und mit dem Vollkorntoast servieren.

INFO BOX

Lachs gehört zu den Fettfischen, die wertvolle Omega-3-Fettsäuren liefern. Sie sind lebensnotwendig für den Aufbau von Gehirnzellen und verbessern die Lernfähigkeit sowie die Aufmerksamkeit.

OMELETTE MIT GERÄUCHERTEM LACHS

Lachsomelette scheint ein wenig übertrieben in einem Buch für Kinder zu sein. Aber die Kleinen lieben es. Außerdem kann geräucherter Lachs nützlich sein, um fettreichen Fisch in die Kinderkost einzuführen. Zusammen mit einem kernigen Vollkornbrot ist das Omelette für einen Wochenendbrunch ideal.

Für 1–2 Personen
1 kleines Stück Butter
2 Eier, verquirlt
einige Streifen geräucherter Lachs
frisch geriebener Pfeffer (nach Belieben)

1. Die Butter in einer schweren, beschichteten Pfanne schmelzen lassen. Dabei die Pfanne schwenken, um die Butter gleichmäßig zu verteilen.
2. Die Eier in die Pfanne gießen. Wenn das Omelette zu stocken beginnt, die Ränder zur Mitte hin einschlagen, sodass das noch flüssige Ei an den Pfannenrand läuft. Etwa 1 Minute braten. Wenn die Eier fest, aber auf der Oberfläche noch etwas flüssig sind, die Lachsstreifen auf einer Hälfte des Omelettes verteilen. Die andere Hälfte darüber klappen, um so den Lachs „einzupacken" und kurz zu garen.
3. Das Omelette auf einen Teller stürzen und servieren. Nach Belieben mit frisch geriebenem Pfeffer bestreuen.

SCHNELLE SNACKS

Diese köstlichen Snacks schmecken zu jeder Tageszeit. Sie belasten nicht, sondern sind reich an vielen wertvollen Nährstoffen. Kinder müssen ihre Energiespeicher öfter auffüllen als Erwachsene. Deshalb sollte man einige dieser leckeren Kleinigkeiten vorrätig haben.

INFO BOX

Zink wird direkt mit der kindlichen Intelligenz in Verbindung gebracht. Doch nicht immer sind Kinder damit gut versorgt. **Bohnen** sind eine gute Quelle für diesen wertvollen Mineralstoff. **Tomaten** dagegen sind reich an antioxidativen Nährstoffen wie Lykopin, Vitamin C und Betacarotin, die Gehirn und Nervensystem schützen.

TOMATEN-BOHNEN-AUFSTRICH

Auf Vollkornbrot, Muffins oder Knäckebrot gestrichen, wird aus diesem cremigen Dip eine schnelle, nährstoffreiche Zwischenmahlzeit. Er hält sich bis zu einer Woche im Kühlschrank.

Für ca. 10 Portionen

3 Strauchtomaten, in Viertel geschnitten und entkernt
3 ungeschälte Knoblauchzehen
2 EL natives Olivenöl extra
200 g weiße Bohnen (aus der Dose), abgespült und gut abgetropft
2 EL frisch gepresster Zitronensaft
Salz und Pfeffer

1. Den Backofen auf 200 °C vorheizen. Tomaten und Knoblauch auf ein Backblech legen, mit 1 Esslöffel Olivenöl gut bestreichen und etwa 15 Minuten braten. Der Knoblauch sollte weich und die Tomaten gar werden.
2. Knoblauch schälen, zusammen mit den Tomaten und dem restlichen Öl, den Bohnen und dem Zitronensaft in einer Küchenmaschine oder einem Mixer glatt pürieren. Alles nach Belieben würzen. Im Kühlschrank luftdicht verschlossen aufbewahren.

AVOCADODIP

Knackig roh scheinen viele Kinder Gemüse eher zu mögen als gekocht. Dieser nährstoffreiche Avocadodip mit Knoblauch schafft einen zusätzlichen Anreiz, beim Gemüse zuzugreifen.

Für 2–4 Personen

1 reife mittelgroße Avocado
1 kleine Knoblauchzehe, zerdrückt
1 EL Zitronensaft
1 EL Mayonnaise
verschiedene Gemüsesorten, wie Brokkoli, Blumenkohl, Paprikaschoten, Bleichsellerie, Gurken, Karotten und Mini-Maiskolben

1. Die Avocado halbieren und den Kern entfernen. Das Fruchtfleisch aus der Schale löffeln und mit Knoblauch, Zitronensaft und Mayonnaise in einer Küchenmaschine oder einem Mixer so lange mixen, bis der Dip die gewünschte Konsistenz hat. Alternativ die Zutaten in eine Schüssel geben und zerdrücken.
2. Das Gemüse vorbereiten. Brokkoli und Blumenkohl in kleine Röschen schneiden; Paprikaschoten entkernen und in Streifen schneiden; Bleichsellerie, Gurken und Karotten in längliche Stücke schneiden. Mini-Maiskolben ganz lassen, nach Belieben kurz blanchieren. Gemüse und Dip zusammen servieren.

INFO BOX

Zwar sind **Avocados** recht fettreich, doch enthalten sie viele einfach ungesättigte Fettsäuren. Avocados sind am besten, wenn sie ganz reif sind. Dann sind sie reich an den antioxidativen Vitaminen A, C und E. Diese schützen die Gehirnzellen gegen schädliche freie Radikale. Avocados enthalten auch B-Vitamine, die gleichermaßen wichtig für Gedächtnis und Denken sind.

NUSS-SAMEN-SNACK

Knabbereien enthalten oft große Mengen an gesättigten Fettsäuren, darüber hinaus viel Salz und unerwünschte Zusatzstoffe. Dieser Nuss-Samen-Snack, mit Sojasauce gewürzt, ist eine gute Alternative. Verwenden Sie die Sojasauce aber mit Vorsicht. Sie ist sehr salzig, weswegen nur wenig notwendig ist.

Für 2 Personen

150 g gemischte, ungesalzene Nüsse und Samen, wie Cashewkerne, Mandeln, Haselnüsse, Erdnüsse, Sonnenblumen- und Kürbiskerne
1 TL Sojasauce

WARNUNG

Kinder unter 5 Jahren sollten keine ganzen Nüsse essen. Sie können beim Verschlucken leicht in die Luftröhre gelangen. Sollte bereits eine Erdnussallergie in Ihrer Familie aufgetreten sein oder Sie Allergien befürchten, fragen Sie einen Arzt, bevor Sie Ihren Kindern Nüsse geben.

1. Den Backofen auf 110 °C vorheizen. Werden Erdnüsse verwendet, die braunen Häute abreiben. Alle Nüsse auf ein Backblech geben und etwa 10 Minuten goldbraun rösten.

2. Sonnenblumen- und Kürbiskerne dazugeben, alles gut mischen und weitere 5 Minuten rösten. Die Sojasauce über die Mischung gießen und Nüsse und Samen darin wenden.

NUSS-SAMEN-BUTTER

Lesen Sie die Zutatenliste der handelsüblichen Erdnussbutter. Viele Produkte enthalten Zucker, Palmöl, Salz und Konservierungsstoffe – oft in erheblichen Mengen. Wenn Sie Erdnussbutter selbst herstellen – das geht schnell und ist einfach –, bestimmen Sie die Zutaten. Für diese Variante nehmen Sie ein kaltgepresstes Öl mit vielen Omega-3- und Omega-6-Fettsäuren. Sie sind wichtig fürs Gehirn. Sie finden entsprechende Öle in Reformhäusern und Diät-Abteilungen von Supermärkten.

Für ca. 10 Portionen

30 g ungesalzene Cashewkerne
30 g geschälte Mandeln
30 g ungesalzene Erdnüsse
1 EL Kürbiskerne
1 EL Sonnenblumenkerne
3 EL Rapsöl, Öl mit Omega-3-Fettsäuren oder Sonnenblumenöl
1–2 EL natives Olivenöl extra
½ TL Salz

1. Nüsse und Samen in einer trockenen Pfanne bei mittlerer Hitze leicht rösten, dabei häufig rühren, bis sie goldbraun sind. Abkühlen lassen und nach Belieben die braunen Häute der Erdnüsse abziehen.

2. Nüsse und Samen mit Öl und Salz in einer Küchenmaschine so lange mixen, bis die Masse weich und cremig ist. Das Nussmus in ein Glas geben und im Kühlschrank aufbewahren.

COOL DOG

Dies ist die „coole" Antwort auf fettreiche Hotdogs, die oft eine Wurst von schlechter Qualität ist. Beim „Cool Dog" wird magere Wurst mit hohem Fleischanteil in eine warme, weiche Tortilla gerollt – das geht recht einfach und schnell. Verwenden Sie die beste Wurst, die Sie bekommen können, damit Sie Ihre Kinder nicht etwa mit vielen unerwünschten Zusatzstoffen füttern. Sollten Sie eine Fertigsauce verwenden, achten Sie darauf, dass diese nicht zu viel Salz und Zucker enthält.

Für 2 Personen

4 Schweinewürstchen von guter Qualität oder vegetarische Würstchen
1 kleine Soft Flour Tortilla, in 4 Streifen geschnitten
Mayonnaise, Ketchup, Avocadodip oder Humous als Beilage

1. Den Backofengrill auf mittlere Hitze vorheizen. Ein Backblech mit Alufolie belegen und die Würste darauf legen.
Die Würste so lange grillen, bis sie gar und goldbraun sind.
2. Die Tortillastreifen in einer trockenen Pfanne erwärmen. Die gebratenen Würste auf die Tortillastreifen legen. Mayonnaise, Ketchup, Avocadodip oder Humous dazu reichen.

INFO BOX

Kichererbsen liefern einen guten Mix an Mineralstoffen, die für das Gehirn wichtig sind: Magnesium, Eisen, Phosphor, Zink und Mangan werden bei der Bildung der Botenstoffe des Gehirns gebraucht.

HUMOUS VON ROTEN PAPRIKASCHOTEN

Die Kichererbsencreme wird üblicherweise als Dip verwendet. Doch sie ist weitaus vielseitiger und kann Suppen, Eintöpfe und Nudelsaucen mit Nährstoffen anreichern. Die gerösteten roten Paprikaschoten geben der Creme einen leicht süßen, rauchigen Geschmack und liefern die vorteilhaften Antioxidantien Vitamin C und Betacarotin.

Für ca. 10 Portionen

1 kleine rote Paprikaschote, entkernt und in dicke Streifen geschnitten
3 EL natives Olivenöl extra
230 g Kichererbsen (aus der Dose), abgespült und gut abgetropft
2 Knoblauchzehen, zerdrückt
1 EL Tahini (Sesampaste)
1 EL warmes Wasser
Saft von ½ Zitrone
Salz und Pfeffer

1. Den Backofen auf 200 °C vorheizen. Die Paprikaschoten auf ein Backblech legen, mit 1 Esslöffel Öl rundum bestreichen. Die Schoten 35–40 Minuten weich rösten, bis die Haut Blasen wirft. Die Paprikaschoten in einen Gefrierbeutel geben oder in Alufolie wickeln und abkühlen lassen. Wenn sie so weit abgekühlt sind, dass man sie gut anfassen kann, die Haut der Schoten abziehen.
2. Paprikaschoten, Kichererbsen, Knoblauch, Tahini, Wasser, Zitronensaft und restliches Öl in einer Küchenmaschine oder einem Mixer zu einem glatten Püree mixen und würzen.

THUNFISCHTORTILLA

Weiche Tortillas lassen sich mit vielen gesunden Sachen füllen. Wenn Sie Vollkornvarianten finden, umso besser. Sie können auch Pitabrot aus Vollkorn verwenden.

Für 1–2 Personen
100 g Thunfisch in Wasser oder Öl (aus der Dose), abgetropft
1 große Soft Flour Tortilla
30 g mittelalter Gouda oder Cheddar, gerieben
1 kleine Tomate, in Scheiben geschnitten

INFO BOX

Thunfisch gehört zu den Fettfischen, die reich an Omega-3-Fettsäuren sind. Diese Fettsäuren sind essentiell für die Entwicklung des Gehirns und seine Funktion. Darüber hinaus ist Thunfisch ein guter Eiweißlieferant

1. Den abgetropften Thunfisch mit einer Gabel zerdrücken und in die Mitte der Tortilla geben. Mit dem Käse bestreuen und die Tomate darauf legen.
2. Die Tortillaränder zur Mitte hin einschlagen. Eine beschichtete Pfanne bei mittlerer Hitze erhitzen. Die Tortilla mit der gefalteten Seite nach unten etwa 3 Minuten erwärmen, bis sie ganz warm und etwas goldbraun ist. Diagonal halbieren und servieren.

GUTE-LAUNE-TOAST

Frische Sardinen sind grätenreich und deshalb bei Kindern nicht so beliebt. Die Dosenvariante ist eine gute Alternative. In diesem Rezept werden die Sardinen mit frischen Tomaten und Pesto gemischt und dadurch der Sardinengeschmack etwas gemildert.

Für 2 Personen
2 Scheiben Vollkornbrot
1 Dose Sardinen in Tomatensauce
2 gehäufte TL Pesto rosso
1 Tomate, entkernt und gehackt

1. Den Backofengrill auf mittlere Hitze vorheizen. Eine Brotscheibe in Fischform schneiden, entweder ein Messer oder einen Ausstecher verwenden. Den Fisch so groß wie möglich schneiden, um möglichst wenig Brotreste zu haben. Die zweite Brotscheibe auf die gleiche Weise schneiden. Beide Brotscheiben auf ein Backblech legen.
2. Die Sardinen zerdrücken, mit Pesto und Tomaten mischen.
3. Die Brote von beiden Seiten leicht toasten. Die Sardinenmischung darauf geben und etwa 3 Minuten unter dem Grill erwärmen.

INFO BOX

Fettreiche Fische, wie die **Sardinen** hier, liefern wertvolle Fettsäuren fürs Gehirn. Sie können die Gehirnleistung, das Gedächtnis und die Konzentrationsfähigkeit verbessern.

ARME RITTER

Anstelle von Brötchen kann man auch Rosinenbrot, Hefezopf oder Brötchen mit Trockenfrüchten nehmen. So wird ganz schnell ein Wohlfühlsnack gemacht.

Für 2 Personen
2 kleine Vollkornbrötchen mit Trockenfrüchten, halbiert
1 Ei, mit 2 EL Milch verquirlt
25 g Butter

Jede Brötchenhälfte in der Eiermilch wenden, bis sie gleichmäßig damit überzogen ist. Die Butter in einer schweren Bratpfanne schmelzen und die Brötchenhälften hineingeben. Auf jeder Seite 1–2 Minuten braten, bis die Brötchen goldbraun sind und das Ei fest ist.

KRAFTPIZZA

Alle Kinder mögen Pizza und die selbst gemachten Varianten bieten eine breite Palette an wertvollen Nährstoffen. Diese Superschnellversion ist für hungrige Knirpse, die keine Minute länger warten können.

Für 2 Personen
2 Vollkornmuffins oder Vollkornbrötchen
4 TL Pesto rosso
1 Tomate, entkernt und gehackt
4 Scheiben Mozzarella

1. Die Vollkornmuffins oder Vollkornbrötchen halbieren.
2. Den Backofengrill auf mittlere Hitze vorheizen. Die Muffins oder Brötchen auf ein Backblech legen und auf der Außenseite leicht rösten.
3. Pesto und Tomate mischen und auf die Schnittflächen der Muffins oder Brötchen geben. Mit dem Mozzarella belegen und das Ganze 3–5 Minuten grillen, bis der Mozzarella schmilzt und Blasen wirft. Vor dem Servieren leicht abkühlen lassen.

INFO BOX

Mozzarella ist ein wertvolles eiweißreiches Lebensmittel. Die Kombination mit Vollkorn aus Muffins oder Brötchen (eine gute Quelle für komplexe Kohlenhydrate) liefert für einen längeren Zeitraum eine Menge Energie.

HAUPTMAHLZEITEN

In diesem Kapitel finden Sie Alltagsrezepte – ideal, wenn die Zeit zum Kochen knapp ist. Weil die Gerichte nicht nur nährstoffreich sind, sondern auch gut schmecken, werden sie Klein und Groß gleichermaßen gefallen.

MINESTRONE

Diese Variante der beliebten italienischen Suppe enthält Nahrungsmittel im Überfluss, die Gehirn und Nerven stärken. Dazu gehören Gemüse, Bohnen, Nudeln und Käse. Die Minestrone schmeckt noch besser, wenn sie im Voraus zubereitet wird. Zusammen mit Knoblauchbrot servieren, da das die Kohlenhydratmenge erhöht.

Für 4 Personen

2 EL natives Olivenöl extra
1 Stange Porree, geschnitten
1 Karotte, fein gehackt
1 Stange Bleichsellerie, fein gehackt
3 Brechbohnen, fein geschnitten
900 ml Gemüsebrühe
300 ml passierte Tomaten
2 Lorbeerblätter
100 g Conchigliette (kleine Muschelnudeln)
100 g weiße Bohnen (aus der Dose), abgespült und abgetropft
1 Zweig frischer Rosmarin
Salz und Pfeffer
frisch geriebener Parmesan zum Bestreuen

1. Das Öl in einem großen Topf mit dickem Boden bei mittlerer Hitze erwärmen. Den Porree dazugeben und alles etwa 5 Minuten gar dünsten. Dabei gelegentlich umrühren. Karotten, Bleichsellerie und grüne Bohnen dazugeben und das Ganze weitere 5 Minuten dünsten.

2. Brühe, Tomaten und Lorbeerblätter darunter mischen. Die Suppe zum Kochen bringen, die Hitze reduzieren. Den Topf halb zudecken, die Suppe etwa 15 Minuten köcheln lassen. Die Lorbeerblätter herausnehmen und das Gemüse mit einem Pürierstab leicht pürieren. Es sollten noch einige Gemüsestückchen in der Suppe sein.

3. Die Lorbeerblätter wieder in die Suppe geben. Nudeln, weiße Bohnen und Rosmarin dazugeben und alles wieder zum Kochen bringen. Die Hitze leicht reduzieren und die Suppe etwa 10 Minuten kochen lassen, bis die Nudeln gar sind. Lorbeerblätter und Rosmarin entfernen und die Suppe nach Geschmack würzen. Falls die Suppe zu dick geworden ist, noch etwas Gemüsebrühe oder Wasser dazugeben.

4. Die Suppe in vier Suppenteller geben und mit Parmesan bestreuen.

INFO BOX

Bohnen enthalten B-Vitamine, Eisen, Zink und Magnesium – essentiell für die Gehirnfunktion, das Gedächtnis und ein gesundes Nervensystem.

TOMATEN-LINSEN-SUPPE

Tomatensuppe gehört zu den Klassikern unter den Lieblingsgerichten. Leider können Dosenprodukte relativ viel Fett und Zucker enthalten. Außerdem vermindert der Verarbeitungsprozess den Nährstoffgehalt. Diese selbst gemachte Variante kombiniert Tomaten mit nährstoffreichen Linsen und ist schnell zubereitet. Die Suppe wird mit dicken, knusprigen Brotstücken serviert.

INFO BOX

Neueste Forschungen zeigen, dass Lykopin, das rote Farbpigment der **Tomate**, ein starkes Antioxidans ist. Es kann Gehirn und Nervensystem vor schädlichen freien Radikalen schützen. Glücklicherweise steckt das Antioxidans sowohl in gekochten als auch in rohen Tomaten. Linsen enthalten Eisen, B-Vitamine und Zink – eine Nährstoffkombination, die fürs Gehirn wichtig ist.

Für 4 Personen
50 g rote Linsen, abgespült und abgetropft
1 EL natives Olivenöl extra
1 Zwiebel, gehackt
1 Karotte, fein gehackt
1 Stange Bleichsellerie, fein gehackt
500 ml passierte Tomaten
500 ml Gemüsebrühe
1 Lorbeerblatt
Salz und Pfeffer
3 EL Milch

1. Linsen in einen Kochtopf geben, mit Wasser bedecken und alles zum Kochen bringen. Die Hitze reduzieren, den Topf halb zudecken und die Linsen etwa 15 Minuten weich köcheln lassen. Den Schaum mit einer Schaumkelle abschöpfen. Die Linsen danach gut abtropfen lassen und beiseite stellen.
2. Inzwischen das Öl in einem großen Topf mit dickem Boden bei mittlerer Hitze erwärmen. Die Zwiebel hinzufügen und in etwa 8 Minuten weich und glasig dünsten. Karotten und Sellerie dazugeben, den Topf abdecken und das Gemüse weitere 3 Minuten dünsten. Dabei gelegentlich umrühren, damit das Gemüse nicht am Topfboden anbrät.
3. Tomaten, Brühe, Linsen und Lorbeerblatt dazugeben und alles zum Kochen bringen. Die Hitze reduzieren und die Suppe, halb zugedeckt, etwa 25 Minuten köcheln lassen. Linsen und Gemüse sollten gar werden und die Suppe etwas eindicken.
4. Die Suppe in einer Küchenmaschine oder mit dem Pürierstab vorsichtig pürieren. Wieder in den Topf geben, würzen und die Milch darunter rühren. Falls die Suppe zu stark abgekühlt ist, sie wieder erwärmen.

NUDELSUPPE MIT HÜHNER-KLÖSSCHEN

Wenn die Zeit knapp ist, ist diese nahrhafte Misosuppe genau das Richtige. Sie ist einfach zuzubereiten, enthält Nudeln, die für gute Laune sorgen, und kleine Hühnerklößchen. Miso-Suppe in Beuteln erhalten Sie in Reformhäusern, Asia-Shops und in einigen Supermärkten.

Für 2 Personen
150 g Hähnchenfleisch, fein gehackt
1 kleines Ei
½ TL Speisestärke
½ TL Paprikapulver
1 TL gemahlener Koriander
1 Frühlingszwiebel, fein gehackt
Salz und Pfeffer

Für die Suppe:
100 g mittelbreite Eiernudeln
1 Pak-Choi, halbiert
2 Beutel Instant-Miso-Suppe
2 TL Sojasauce
1 kleine Karotte, in feine Streifen geschnitten
1 Frühlingszwiebel, in dünnen Ringen
Sesamsaat zum Bestreuen

INFO BOX

Miso wird aus einer Mischung aus Sojabohnen und Reis, Weizen oder Gerste gemacht. Es hat einen reinigenden Effekt auf den Körper, hilft ihn zu entgiften und dadurch die Gehirnfunktion zu verbessern.

Hähnchen ist ein Lebensmittel mit viel Eiweiß, das die Konzentrationsfähigkeit fördern kann.

1. Alle Zutaten für die Hühner-Klößchen in einer Schüssel gut mischen. Reichlich Wasser in einem Topf zum Kochen bringen. Aus der Fleischmischung mit zwei Teelöffeln kleine Klößchen formen und diese ins heiße Wasser geben. Die Klößchen portionsweise etwa 5 Minuten gar kochen, anschließend warm halten.
2. Inzwischen die Nudeln in kochendem Wasser etwa 5 Minuten weich kochen. Den Pak-Choi in den letzten beiden Garminuten dazugeben. Anschließend Nudeln und Gemüse gut abtropfen lassen und den Pak-Choi in Scheiben schneiden.
3. Die Miso-Suppe nach Packungsanweisung zubereiten. Die Sojasauce hineinrühren.
4. Zum Servieren die Nudeln in zwei Suppenteller verteilen, die Suppe darüber gießen. Pak-Choi, Karotten und Frühlingszwiebeln hineinrühren. Sesamsaat darüber streuen und die Hühner-Klößchen in die Suppe legen.

RÖSTINESTER

Kartoffeln liefern Kohlenhydrate und diese lassen den Serotoninspiegel ansteigen. Serotonin ist eine Substanz, die beruhigend auf das Gehirn wirkt. Deshalb sind die Rösti als Abendessen wunderbar. Ein Ei in jedem Kartoffelnest liefert zusätzlich wertvolle Nährstoffe. Ganz nach Geschmack mit grünem Gemüse servieren.

Für 2 Personen
275 g Kartoffeln, halbiert
1 große Karotte, in 3 Stücke geschnitten
Salz und Pfeffer
Sonnenblumenöl zum Braten
2 Eier

1. Kartoffeln und Karotten etwa 10 Minuten gar, aber nicht weich dämpfen. Abkühlen lassen, die Kartoffeln pellen und ebenso wie die Karotte grob raspeln.
2. Die Kartoffelmischung würzen und in zwei Teile teilen. Aus jeder Portion einen Ring formen. Die Ringe sind sehr instabil, werden beim Braten aber fest.
3. Den Backofengrill auf mittlere Hitze vorheizen. So viel Öl in eine schwere Bratpfanne geben, dass der Boden gerade bedeckt ist. Das Öl bei mittlerer Hitze erwärmen. Die Röstiringe vorsichtig hineinlegen und etwa 7 Minuten auf einer Seite goldbraun braten, wenden und auf der zweiten Seite weitere 5 Minuten braten. Je ein Ei in jeden Kartoffelring geben und alles weitere 2 Minuten braten.

4. Die Pfanne unter den vorgeheizten Grill stellen und die Rösti weitere 2 Minuten braten. Das Ei sollte dabei fest werden. Sofort servieren.

EIER AUF FLORENTINER ART

Manchmal ist es eine Herausforderung, Kinder für grünes Gemüse zu begeistern. Die cremige Sauce hier hilft dabei, denn sie macht den Spinat milder. Zusammen mit Nudeln, Reis oder Brot servieren.

Für 2 Personen
250 g junger Blattspinat, gewaschen und gut abgetropft
3 EL Crème double oder Crème fraîche
ein wenig geriebene Muskatnuss
2 Eier
40 g mittelalter Gouda oder Cheddar, gerieben

1. Den Backofengrill vorheizen. Den Spinat einige Minuten gar dämpfen. Abtropfen lassen und die restliche Flüssigkeit mit den Händen ausdrücken. Spinat fein hacken, Crème double oder Crème fraîche in einem kleinen Topf darunter mischen. Mit Muskatnuss würzen und alles erhitzen. Spinat in eine kleine feuerfeste Form geben.
2. Zwei Vertiefungen – groß genug, um die Eier aufzunehmen – in den Spinat drücken. Je ein Ei in eine Vertiefungen geben, das Ganz mit Käse bestreuen und unter dem Grill 2–3 Minuten garen. Die Eier sollten dabei fest werden.

INFO BOX

Die B-Vitamine aus dem **Ei** sind für eine optimale Gehirnfunktion wichtig, vor allem für klares Denken.

Spinat enthält Eisen und Vitamin C, ein wichtiges Antioxidans, das vor freien Radikalen schützt.

ENERGY-BURGER AUS BOHNEN

Billige Fleischburger bieten in Hinblick auf eine gesunde Ernährung nicht nur wenig, sondern können sogar nachteilig für die Gesundheit sein. Diese selbst gemachte vegetarische Variante, bietet aber zahlreiche gesundheitliche Vorteile.

Für 4 Burger
120 g Kidneybohnen (aus der Dose), abgespült und abgetropft
½ Zwiebel, gerieben
1 kleine Karotte, gerieben
40 g frische Vollkornbrotbrösel
1 EL weiche Erdnussbutter
1 Ei, verquirlt
Salz und Pfeffer
Mehl zum Panieren
Sonnenblumenöl zum Braten
4 Burgerbrötchen aus Vollkorn oder Bagels mit Sesamsaat
geschnittener Kopfsalat, Tomaten- und Gurkenscheiben

1. Kidneybohnen in einer Küchenmaschine oder mit dem Stabmixer zusammen mit Zwiebel, Karotte, Bröseln, Erdnussbutter und Ei pürieren. So lange mixen, bis ein etwas stückiges Püree entstanden ist. Das Püree würzen und die Mischung für 1 Stunde in den Kühlschrank stellen.
2. Aus der Bohnenmischung mit bemehlten Händen vier Burger formen, dann jeden Burger in Mehl wenden.
3. So viel Öl in eine große, schwere Pfanne geben, dass der Boden gerade bedeckt ist. Jeweils 2 Burger gleichzeitig auf beiden Seiten je 3 Minuten braten. Dann die nächste Portion braten. Sie sollten goldbraun und knusprig sein. Auf Küchenpapier abtropfen lassen. (Um die Burger zu grillen, sie mit Öl bestreichen und etwa 4 Minuten auf jeder Seite grillen.) Die restlichen Burger ebenfalls braten.
4. Zum Servieren die Brötchen aufschneiden, mit Burgern, Salat, Tomaten und Gurken belegen. Zusammen mit Humous, Avocadodip oder Tomatenketchup servieren.

CHINESISCHER TRAUMREIS

Eltern werden sich über dieses zart gewürzte Reisgericht freuen. Denn der Vollkornreis enthält komplexe Kohlenhydrate, die schläfrig und ruhig machen sollen – so zumindest die Theorie! Der Reis wird mit Omelettestreifen belegt.

Für 2 Personen
2 TL Sonnenblumenöl
ein wenig Sesamöl aus gerösteter Sesamsaat
1 Knoblauchzehe, gehackt
½ TL chinesisches 5-Gewürze-Pulver
¼ rote Paprikaschote, entkernt und gewürfelt
4 Mini-Maiskolben, in Scheiben geschnitten
4 kleine Brokkoliröschen
1 Frühlingszwiebel, diagonal in Ringe geschnitten
1 kleines Stück frischer Ingwer, geschält und gerieben (nach Belieben)
60 ml Apfelsaft (Direktsaft)
2 EL Brühe oder Wasser
300 g kalter, gekochter Vollkornreis
2 TL Sojasauce
1 TL Sesamsaat

HINWEIS

Es ist wichtig, dass der **gekochte Reis** vor dem Servieren wieder sehr gründlich erhitzt wird. Gekochter Reis, der nicht richtig aufgewärmt ist, kann eine Ursache für Lebensmittelvergiftung sein.

Für das Omelette:
1 kleines Stück Butter
1 Ei, verquirlt

1. Sonnenblumenöl und Sesamöl in einem Wok oder einer schweren Bratpfanne erhitzen. Knoblauch, Gewürzmischung, Paprikaschote, Mais, Brokkoli, Frühlingszwiebel und Ingwer dazugeben und alles etwa 4 Minuten unter Rühren braten.
2. Apfelsaft und Wasser dazugeben und das Gemüse weitere 3 Minuten unter Rühren braten, bis es gar ist.
3. Reis und Sojasauce unter das Gemüse rühren und unter ständigem Rühren gründlich erhitzen. Die Sesamsaat darunter mischen.
4. Für das Omelette Butter in einer kleinen Bratpfanne schmelzen. Das Ei in die Pfanne geben, diese schwenken, um das Ei gleichmäßig zu verteilen. Das Ei so lange braten, bis es fest ist. Auf eine Platte geben und in Streifen schneiden.
5. Zum Servieren den Reis in zwei Schalen verteilen und die Omelettestreifen darauf anrichten.

REIS-GEMÜSE-FRITTERS

Die Fritters sind sehr einfach zuzubereiten und ideal, wenn gekochter Vollkornreis übrig ist. Zusammen mit Hülsenfrüchten oder gedämpften grünen Gemüsesorten servieren.

INFO BOX

Komplexe Kohlenhydrate (hier aus dem **Vollkornreis**) haben eine beruhigende Wirkung auf das Gehirn, da sie die Freisetzung von Serotonin im Gehirn stimulieren. Vollkornreis liefert über einen längeren Zeitraum Energie. So bleibt der Blutzuckerspiegel konstant, was für einen guten Schlaf wichtig ist. Reis enthält auch B-Vitamine, die für eine optimale Hirnfunktion notwendig sind.

Ergibt 8 Fritters

100 g kalter, gekochter Vollkornreis
1 kleine Stange Porree, fein gehackt
½ gelbe Paprikaschote, entkernt und fein gewürfelt
1 Knoblauchzehe, zerdrückt
2 EL frisch geriebener Parmesan
1 kleines Ei, verquirlt
2 EL Crème double
2 EL Mehl
Salz und Pfeffer
Sonnenblumenöl zum Braten

1. Reis, Porree, Paprikaschote, Knoblauch, Parmesan, Ei, Crème double und Mehl in einer Schüssel leicht verrühren. Nach Belieben würzen.

2. So viel Öl in eine schwere Bratpfanne geben, dass der Boden leicht bedeckt ist. Pro Fritter 2 Esslöffel Reismischung in das heiße Öl geben und mit dem Pfannenwender flach drücken. Die Fritters portionsweise auf jeder Seite etwa 3 Minuten braten. Sie sollten goldbraun sein. Vor dem Servieren auf Küchenpapier abtropfen lassen.

GEMÜSE-TOFU-SPIESSE MIT SATAY-DIP

Diese bunten Spieße liefern reichlich Nährstoffe fürs Gehirn. Sie werden mit einer Erdnuss-Sauce serviert. Auf Grillfesten sind die Spieße als vegetarische Ergänzung zu Würstchen und Co. bei Kindern und Erwachsenen willkommen. Dazu warme Tortillas oder indisches Naan-Brot servieren. Der Dip hält sich im Kühlschrank bis zu einer Woche.

Ergibt 4 Spieße

125 g Tofu, in 8 Würfel geschnitten
1 Zucchini, in 8 Stücke geschnitten
4 Kirschtomaten
¼ gelbe Paprikaschote, in 4 Stücke geschnitten

Für die Marinade:

1 EL flüssiger Honig
1 TL Sojasauce
1 EL Sesamöl aus gerösteter Sesamsaat
1 TL natives Olivenöl extra
1 Knoblauchzehe, in Scheiben geschnitten

Für den Satay-Dip:

2 EL weiche Erdnussbutter
1 TL natives Olivenöl extra
1 TL heißes Wasser
1 TL Sojasauce
½ TL Rohrohrzucker
2 EL Mayonnaise

1. Für die Marinade alle Zutaten in einer flachen Schale verrühren. Tofu, Zucchini, Kirschtomaten und Paprikaschoten in die Marinade geben. Mit Frischhaltefolie abdecken und mindestens 1 Stunde, besser über Nacht marinieren. Gemüse und Tofu gelegentlich wenden.

2. Vier Holzspieße in eine Schüssel mit Wasser legen und etwa 30 Minuten einweichen – das verhindert, dass die Spieße verbrennen. Inzwischen alle Zutaten für den Dip in einer kleinen Schüssel mischen.

3. Den Grill auf mittlere Hitze vorheizen. Tofu und Gemüse auf die Spieße stecken: ein Zucchinistück, dann ein Tofuwürfel, eine Kirschtomate, ein Stück Paprikaschote, wieder ein Tofuwürfel und zum Schluss noch eine Zucchini.

INFO BOX

Vitamin C in **Paprikaschoten, Tomaten** und **Zucchini** verbessert die Aufnahme von Mineralstoffen wie Eisen.

Tofu liefert viel Eiweiß, aber wenig Fett, ist reich an Mineralstoffen, vor allem Eisen, Magnesium und Calcium, die wichtig für ein gesundes Nervensystem und für das Gehirn sind.

4. Die Spieße auf das Backblech legen und mit der restlichen Marinade bestreichen. Die Spieße 8–10 Minuten grillen, dabei mehrmals mit Marinade bestreichen und wenden. Sie sollten leicht bräunen. Zusammen mit dem Satay-Dip servieren.

SCHNELLE TOMATENPASTA

Kinder zum Gemüseessen zu motivieren, kann eine ständige Herausforderung sein. Und obwohl es wichtig ist, die Liebe zu Gemüse zu fördern, gelingen die Versuche nicht immer. Die Nudelsauce hier ist bei Kindern sehr beliebt und ein gutes „Gemüseversteck".

Für 2 Personen

1 EL natives Olivenöl extra
1 kleine Zwiebel, fein gehackt
½ rote Paprikaschote, entkernt und gewürfelt
1 große Knoblauchzehe, zerdrückt
1 TL getrockneter Oregano
1 Karotte, fein gehackt
300 ml passierte Tomaten
1 TL Tomatenmark
½ TL feiner Zucker
Salz und Pfeffer

Für die Nudeln:

120 g Vollkornspaghetti
frisch geriebener Parmesan zum Bestreuen

1. Das Öl in einem mittelgroßen Kochtopf mit dickem Boden bei mittlerer Hitze erwärmen und die Zwiebel darin etwa 7 Minuten weich dünsten. Den Topf zur Hälfte zudecken. Paprikaschote zu der Zwiebel geben und alles weitere 3 Minuten dünsten, dabei häufig rühren. Knoblauch und Oregano dazugeben und 1 weitere Minute dünsten. Inzwischen die Karotte etwa 5 Minuten gar dämpfen.

2. Die Tomaten zur Paprikaschoten-Zwiebel-Mischung gießen. Tomatenmark, Zucker und Karotte dazugeben, würzen und die Sauce bei geringer Hitze etwa 8 Minuten garen. Sie sollte dabei leicht einkochen und eindicken. Die Sauce in einer Küchenmaschine glatt und cremig pürieren.

3. Inzwischen die Nudeln nach Packungsanleitung kochen. 2 Esslöffel Kochwasser abnehmen, dann Nudeln abgießen. Nudeln, Kochwasser und Sauce mischen. Alles mit Parmesan bestreut servieren.

PENNE MIT SCHINKEN UND ERBSEN

Kaufen Sie Schinken von bester Qualität. Wer gedämpften Brokkoli dazu serviert, sorgt für ein Extra-Plus an Nährstoffen.

Für 2 Personen
2 Scheiben magerer roher Schinken
120 g Penne (kurze Röhrennudeln)
1 EL natives Olivenöl extra
1 große Knoblauchzehe, gehackt
125 ml Gemüsebrühe
75 g TK-Erbsen
3 EL Crème fraîche
Salz und Pfeffer
frisch geriebener Parmesan zum Bestreuen

1. Die Schwarte entfernen und den Schinken unter dem Backofengrill knusprig braten. Die Nudeln nach Packungsanweisung im kochenden Wasser garen. 1 Esslöffel Kochwasser abnehmen, die Nudeln abgießen.
2. Inzwischen das Olivenöl in einer schweren Pfanne bei mittlerer Hitze erwärmen und den Knoblauch darin etwa 1 Minute braten. Gemüsebrühe und Erbsen dazugeben, etwa 2 Minuten bzw. so lange köcheln, bis die Erbsen gar sind und die Flüssigkeit eingekocht ist.
3. Den Schinken in kleine Stücke schneiden, zusammen mit der Crème fraîche in die Pfanne geben. Alles bei kleiner Hitze gründlich erwärmen, dabei häufig rühren. Nudeln und 1 Esslöffel Nudelkochwasser in die Sauce rühren und alles gut mischen. Nach Belieben würzen und mit Parmesan bestreut servieren.

INFO BOX

Erbsen sind Powerkugeln, in denen viel Vitamin C und B-Vitamine stecken – ebenso Zink, ein Nährstoff, der die Konzentration fördert. Übrigens gilt dies auch für gefrorene Erbsen, die sogar nährstoffreicher als frische sein können, wenn letztere längere Zeit gelagert werden.

Schinken liefert B-Vitamine, die für ein gesundes Nervensystem unentbehrlich sind.

LACHSSPIESSE

Durch die Marinade bekommen die Lachsspieße eine wunderbare, leicht süße Glasur. Die Spieße sollten mindestens 1 Stunde marinieren, um die Aromen aufzunehmen. Von Spießen zu essen, macht Spaß, kann für kleine Kinder jedoch gefährlich sein. Passen Sie dann besonders auf! Zu den Spießen gehört ein fruchtiger Couscous. Für ein Extraplus an gesunden Wirkstoffen geben Sie grünes Gemüse hinzu.

Für 2 Personen
150 g Lachsfilet, ohne Haut, in 16 Würfel geschnitten

Für die Marinade:
1 EL flüssiger Honig
2 TL Sojasauce
1 TL Rapsöl, natives Olivenöl extra oder Pflanzenöl mit Omega-3-Fettsäuren
1 TL Sesamöl aus gerösteter Sesamsaat
1 Knoblauchzehe, in Scheiben geschnitten

Für den Couscous:
60 g Instant-Couscous
Gemüsebrühe zum Einweichen
1 kleines Stück Butter
½ Nektarine oder Pfirsich, gewürfelt
1 EL geröstete Sesamsaat
1 EL geröstete Mandelblättchen

1. Die Zutaten für die Marinade in einem flachen Gefäß mischen. Die Lachswürfel dazugeben und darin wenden, bis sie gut mit der Marinade überzogen sind. Mit Frischhaltefolie abdecken und im Kühlschrank mindestens 1 Stunde, besser über Nacht, marinieren. Dabei gelegentlich wenden.
2. Für den Couscous den Couscousgrieß in eine feuerfeste Schale geben. Die Gemüsebrühe zum Kochen bringen. So viel Brühe über den Couscous gießen, dass er gerade

bedeckt ist. Die Brühe sollte etwa 5 mm hoch über dem Couscous stehen. Das Ganze so lange quellen lassen, bis es die gesamte Flüssigkeit aufgenommen hat. Ein kleines Stück Butter dazugeben und den Couscous mit einer Gabel auflockern. Nektarine, Sesamsaat und Mandeln darunter mischen.

3. Inzwischen vier Holzspieße etwa 30 Minuten in Wasser einweichen, um sie vor dem Verbrennen zu schützen. Den Backofengrill auf die höchste Stufe vorheizen und die Fettpfanne mit Alufolie auslegen. Den Lachs auf die Spieße stecken und mit Marinade bestreichen. Die Spieße 3–5 Minuten grillen, nach der Hälfte der Zeit wenden und nochmals mit Marinade bestreichen. Das Fleisch sollte gar sein. Zusammen mit dem Couscous servieren.

KÖSTLICHE FAJITAS

Diese Tortillas mit Garnelenfüllung bringen den Geschmack Mexikos auf den Tisch. Mit einem grünen Salat oder Paprikaschoten-, Karotten- oder Gurkenstücken, Avocadodip (siehe Seite 57) oder Humous von roten Paprikaschoten (siehe Seite 59) servieren.

Für 2 Personen

1 EL natives Olivenöl extra
1 Knoblauchzehe, gehackt
½ rote Paprikaschote, entkernt und in Streifen geschnitten
150 ml passierte Tomaten
½ TL gemahlener Kreuzkümmel
1 EL Tomatenmark
Saft von 1/2 Limette
120 g gegarte Garnelen (frisch oder aufgetaute TK-Ware)
2 kleine Soft Flour Tortillas
½ kleine Avocado, ohne Kern, geschält und gewürfelt
etwas Crème fraîche, Frischkäse oder Naturjoghurt

INFO BOX

Garnelen enthalten die Aminosäure Tyrosin, die die Aufmerksamkeit fördern kann. Aber auch Zink ist darin zu finden, ein äußerst wichtiger Mineralstoff fürs Gehirn. Er wird zum Ausgleich von Stimmungsschwankungen und Reizbarkeit gebraucht.

1. Das Olivenöl in einer schweren Pfanne bei mittlerer Hitzezufuhr erwärmen. Knoblauch und Paprikaschote darin etwa 3 Minuten weich dünsten. Tomaten, Kreuzkümmel und Tomatenmark dazugeben und alles bei mittlerer Hitze etwa 8 Minuten köcheln lassen. Die Sauce sollte einkochen und eindicken. Limettensaft und Garnelen dazugeben und alles gut erhitzen.

2. Die Tortillas erwärmen. Auf eine halbe Tortillaseite etwas Garnelensauce geben. Avocado und Crème fraîche darauf geben. Die andere halbe Seite darüber klappen und die Tortillas servieren.

LACHSSTÄBCHEN MIT SÜSSKARTOFFEL-POMMES

Diese gesunde Variante des Kinderhits „Fischstäbchen mit Pommes" bietet viele Nährstoffe, die das Gehirn stimulieren. Die Fischstäbchen sind supereinfach und superschnell gemacht. Erbsen sind als Beilage ein Muss.

Für 2–3 Personen
1 kleine Süßkartoffel, abgebürstet und in Schnitze geschnitten
2 TL natives Olivenöl extra

Für die Lachsstäbchen:
200 g Lachsfilet, ohne Haut
75 g feines Maismehl oder Polenta
2 EL frisch geriebener Parmesan
Salz und Pfeffer
1 Ei, verquirlt
Sonnenblumenöl zum Braten

1. Den Backofen auf 200 °C vorheizen. Für die Pommes die Süßkartoffel mit einem sauberen Küchentuch trockentupfen. Das Öl in die Fettpfanne des Backofens geben und kurz erhitzen. Die Süßkartoffeln in dem Öl so wenden, dass sie ganz davon überzogen sind, dann etwa 30 Minuten goldbraun braten. Nach der Hälfte der Garzeit wenden.
2. Inzwischen den Lachs in sechs längliche Stücke schneiden. Maismehl oder Polenta und Parmesan auf einem Teller mischen. Die Lachsstücke würzen, zuerst in Ei, dann so in der Maismehlmischung wenden, dass sie gleichmäßig mit Panade überzogen sind.

INFO BOX

Süßkartoffeln, vor allem jene mit orangefarbenem Fruchtfleisch, liefern die Antioxidantien Vitamin C und Betacarotin. Sie können helfen, das Gedächtnis zu fördern.

3. So viel Öl in eine große, schwere Bratpfanne geben, dass der Boden bedeckt ist, und bei mittlerer Hitze erhitzen. Die Lachsstäbchen vorsichtig in die Pfanne legen und etwa 6 Minuten braten. Nach der Hälfte der Garzeit wenden. Sie sollten goldbraun werden. Die Lachsstäbchen auf Küchenpapier abtropfen lassen, dann zusammen mit den Süßkartoffel-Pommes servieren.

SUPERFISCH!

Dieses attraktive Gericht könnte nicht einfacher zu machen sein. Mozzarella, Pesto und Tomaten im Belag sorgen für viel Farbe und Aroma und machen Fisch auch den Kindern schmackhaft, die solche Gerichte nicht bevorzugen. Mit neuen Kartoffeln und Mais servieren.

Für 2 Personen
2 x 150 g Kabeljaufilet, ohne Haut
natives Olivenöl extra zum Bestreichen
2 gehäufte TL Pesto oder Pesto rosso
1 Tomate, in Scheiben geschnitten und entkernt
2 Scheiben Mozzarella
Salz und Pfeffer

1. Den Backofengrill auf die höchste Stufe vorheizen und ein Backblech mit Alufolie belegen. Den Kabeljau sorgfältig nach restlichen Gräten absuchen und diese herausziehen.
2. Den Fisch von beiden Seiten mit Öl bestreichen, auf das Backblech legen und etwa 3 Minuten grillen. Anschließend wenden und weitere 20–25 Minuten garen, bis der Fisch nicht mehr glasig und gerade durchgegart ist.
3. Den Fisch herausnehmen. Je 1 gehäuften Esslöffel Pesto auf ein Fischstück geben. Die Tomaten- und Mozzarellascheiben darauf legen. Alles 3–4 Minuten grillen, dabei schmilzt der Mozzarella und bräunt ganz leicht. Mit Salz und Pfeffer würzen und servieren.

FISCH AUS DEM OFEN

Dieses Gericht, bei dem sich der Fisch unter einer Kartoffelkruste versteckt, hat eine ganze Menge Nährstoffe fürs Gehirn zu bieten. Im Gegensatz zum Klassiker, der mit Bechamelsauce zubereitet wird, erhält das Rezept hier durch Schmand seine Cremigkeit. Gedämpfter Brokkoli oder Brechbohnen passen besonders gut dazu.

Für 2 Personen
300 g Kabeljaufilet, ohne Haut
Milch zum Garziehen
2 TL natives Olivenöl extra
1 Knoblauchzehe, gehackt
1 kleine Stange Porree, in Scheiben geschnitten
75 g TK-Erbsen
100 g Schmand
1 TL Dijonsenf
1 EL frisch geschnittener Schnittlauch
1 Ei, hart gekocht und geviertelt

INFO BOX

Kabeljau ist fettarm, eiweißreich und liefert einige Vitamine der B-Gruppe, Selen und Vitamin E. Fisch kann die Eisenresorption aus pflanzlichen Lebensmitteln verbessern, ein Mineralstoff, der für eine gesunde Gehirnfunktion wichtig ist.

Für das Püree:
500 g Kartoffeln, geschält und in Stücke geschnitten
1 EL natives Olivenöl extra
2 EL Butter
60 ml warme Milch oder die Milch, in der der Fisch gegart wurde
Salz und Pfeffer

1. Für das Püree die Kartoffeln 15–20 Minuten in Wasser gar kochen. Anschließend gut abtropfen lassen.
2. Inzwischen den Fisch in eine Pfanne legen und so viel Milch dazugießen, dass er gerade bedeckt ist. Den Fisch bei geringer Hitze etwa 8 Minuten gar ziehen lassen. Anschließend aus der Milch heben und in große Stücke zerteilen. Dabei Gräten entfernen.
3. Das Öl in einer großen, schweren Pfanne erhitzen und den Knoblauch und den Porree darin etwa 5 Minuten dünsten. Die Erbsen dazugeben und kurz garen, dabei ständig rühren. Schmand und Senf darunter rühren. Alles gründlich erhitzen. Schnittlauch, Eiviertel und Fisch vorsichtig darunter heben. Die Mischung in eine Auflaufform geben.
4. Den Backofengrill auf mittlere Hitze vorheizen. Die Kartoffeln gut abtropfen lassen. Olivenöl, Butter und warme Milch dazugeben. (Sie können auch 60 ml von der Milch nehmen, in der der Fisch gegart wurde.). Alles zerdrücken, bis das Püree glatt und cremig ist und über den Fisch geben. Das Püree etwas glatt streichen und alles unter dem Grill 3–5 Minuten grillen, bis es an der Oberfläche zu bräunen beginnt.

HÄHNCHEN-KOKOS-NUDELN

Malyasias Küche hat mich zu diesen Kokosnudeln inspiriert. Sie werden hier mit Hähnchenstreifen belegt. Garnelen oder mageres Schweinefleisch sind schmackhafte Alternativen zu Geflügel. Das Gemüse wählen Sie nach Ihrem persönlichen Geschmack aus.

Für 2 Personen

175 g Hähnchenbrustfilet, ohne Haut, in dünne Streifen geschnitten
1 EL Sonnenblumenöl
120 g mittelbreite Eiernudeln
1 kleine Stange Porree, in Scheiben geschnitten
1 Knoblauchzehe, gehackt
¼ rote Paprikaschote, entkernt und gewürfelt
1 kleine Zucchini, gewürfelt
4 Mini-Maiskolben, längs halbiert
6 Zuckererbsen
1 TL mildes Currypulver
150 ml Kokosnussmilch
100 ml Gemüsebrühe
Sesamsaat und fein geschnittene Frühlingszwiebeln zum Bestreuen (nach Belieben)

1. Den Grill im Backofen auf höchster Stufe vorheizen und ein Backblech mit Alufolie belegen. Hähnchenfleisch mit ein wenig Öl bestreichen und etwa 8 Minuten bzw. so lange grillen, bis das Fleisch gebräunt und durchgegart ist. Anschließend warm halten.
2. Während das Hähnchen brät, die Nudeln nach Packungsanleitung kochen. Abgießen und unter kaltem Wasser abspülen, um ein Nachgaren zu verhindern. Gründlich abtropfen lassen.
3. Das restliche Öl in einem Wok erhitzen. Porree, Knoblauch, Paprikaschote, Zucchini, Mais und Zuckererbsen etwa 5 Minuten unter Rühren braten, dabei das Gemüse häufig auflockern. Currypulver dazugeben und 1 weitere Minute braten.
4. Kokosmilch und Brühe dazugeben und die Sauce etwa 5 Minuten leicht einköcheln und eindicken lassen. Die Nudeln dazugeben und alles gründlich erhitzen.
5. Zum Servieren Nudeln, Gemüse und Sauce in Schalen geben, die Hähnchenstreifen darauf legen. Sesamsaat und Frühlingszwiebeln nach Belieben darüber streuen.

INFO BOX

Hähnchen enthält hochwertiges Eiweiß, aber auch Selen, Zink und Vitamine der B-Gruppe. Die Haut ist reich an gesättigten Fettsäuren, deshalb sollte man sie entfernen. Kaufen Sie – wenn möglich – Bio-Hähnchen, um unerwünschte Stoffe zu vermeiden, die die Gehirnleistung negativ beeinflussen können.

FLEISCHKLÖSSCHEN AUS GEFLÜGEL

Dieses köstliche Gericht ist von der italienischen Küche inspiriert, die die Kinder lieben.

Für 2 Personen
250 g Hähnchenfleisch, durch den Fleischwolf gedreht
2 EL frisch geriebener Parmesan
25 g frische Brotbrösel
1 kleines Ei, verquirlt
Salz und Pfeffer
Sonnenblumenöl zum Braten

Für die Tomatensauce:
1 Knoblauchzehe, zerdrückt
½ TL getrockneter Oregano
300 ml passierte Tomaten
1 Prise Zucker

1. Für die Fleischklößchen Hähnchenfleisch, Parmesan, Brotbrösel und Ei mischen und mild würzen. Aus dem ziemlichen feuchten Fleischteig mit 2 Esslöffeln 10 Klößchen formen. Sie müssen nicht völlig rund sein.
2. So viel Öl in eine schwere Pfanne geben, dass der Boden gerade bedeckt ist. Das Öl erhitzen. Die Klößchen 6–8 Minuten braten, dabei gelegentlich wenden. Sie sollten goldbraun und durchgebraten sein, dann aus der Pfanne nehmen und warm halten.
3. Für die Sauce den Knoblauch und den Oregano in die Pfanne geben, eventuell noch ein wenig Öl dazugeben. Alles etwa 1 Minute andünsten, dann Tomaten und Zucker dazugeben. Die Sauce bei mittlerer Hitze etwa 4 Minuten köcheln.
4. Die Hähnchenklößchen in die Sauce legen, etwa 4 Minuten gründlich erwärmen. Dabei kocht die Sauce etwas ein.

HACKFLEISCH-APRIKOSEN-ZAUBER

Dieses mild gewürzte Hackfleischgericht zaubert viele wichtige Nährstoffe fürs Gehirn auf den Teller – von Eisen und Betacarotin bis hin zu B-Vitaminen.

Für 2 Personen
1 EL natives Olivenöl extra
1 kleine Zwiebel, fein gehackt
1 Knoblauchzehe, gehackt
1 kleine Karotte, geraspelt
½ kleine rote Paprikaschote, entkernt und gewürfelt
150 g mageres Rinderhackfleisch oder eine vegetarische Alternative
¼ TL gemahlener Kreuzkümmel
½ TL gemahlener Zimt
¼ TL gemahlener Koriander
250 ml passierte Tomaten
125 ml Geflügel- oder Gemüsebrühe
1 EL Tomatenmark
6 ungeschwefelte getrocknete Aprikosen
Salz und Pfeffer

1. Das Öl in einem großen Kochtopf mit dickem Boden bei mittlerer Hitze erwärmen. Zwiebel dazugeben, Topf abdecken und die Zwiebelwürfel etwa 7 Minuten weich dünsten. Knoblauch, Karotte und Paprikaschote dazugeben. Das Gemüse im geschlossenen Topf weitere 3 Minuten garen.
2. Gemüse an den Topfrand schieben und das Hackfleisch auf der freien Topffläche braun anbraten, dabei häufig rühren. Die Gewürze hineinrühren und 1 weitere Minute garen.
3. Tomaten, Brühe, Tomatenmark und Aprikosen dazufügen. Alles durchrühren, den Topf halb zudecken und die Hackfleisch-Gemüse-Mischung etwa 30 Minuten köcheln. Ist die Sauce zu flüssig, ein klein wenig Brühe abschöpfen. Ist das Ganze zu trocken, etwas Brühe dazugeben. Mit Salz und Pfeffer abschmecken und servieren.

INFO BOX

Viele lehnen **rotes Fleisch** ab, und die Gründe dafür sind recht unterschiedlich. Trotzdem spielt es eine Rolle für die Nährstoffversorgung des Gehirns. Denn Fleisch enthält alle 8 Aminosäuren, die für die Botenstoffe der Nerven essentiell sind. Es ist auch eine gute Quelle für Eisen, ein Mineralstoff, dem eine wichtige Rolle beim Erinnern und Lernen zukommt.

ESSEN AM WOCHENENDE

Die Rezepte in diesem Kapitel brauchen ein wenig länger in der Zubereitung, doch der Mehraufwand lohnt sich! Auch wenn Ihnen manche Zutatenkombination gewagt vorkommen mag, probieren Sie sie aus: Die breite Palette der verwendeten Lebensmittel gibt Ihrer Familie Gelegenheit, unterschiedlichste Geschmacksrichtungen kennen zu lernen.

KÄSENUDELN „SCHLAFENSZEIT"

Nudeln und Käsesauce machen Gemüse für Kinder attraktiv. Wenn Ihre Sprösslinge am Ende eines Tages etwas überdreht sind, ist dies genau das richtige Abendessen. Denn die Nudeln helfen, zur Ruhe zu kommen.

Für 4 Personen

175 g Penne (kurze Röhrennudeln), vorzugsweise aus Vollkornnudeln
Salz
175 g Brokkoli, in kleine Röschen geteilt
85 g Blumenkohl, in kleine Röschen geteilt
1 große Stange Porree, in Ringe geschnitten
25 g Butter
3 EL Mehl
750 ml warme Milch
1 TL getrockneter Oregano (nach Belieben)
1 EL Dijonsenf
120 g mittelalter Gouda oder Cheddar, gerieben
2 EL frische Vollkornbrotbrösel

1. Die Nudeln in reichlich kochendem, gesalzenem Wasser nach Packungsanleitung kochen. Inzwischen Brokkoli, Blumenkohl und Porree in 5–7 Minuten gar dämpfen. Die Nudeln absieben und zusammen mit dem Gemüse in eine Auflaufform geben.

2. Für die Käsesauce die Butter in einem Kochtopf mit dickem Boden erhitzen. Die Hitze reduzieren, das Mehl hineinrühren und etwa 2 Minuten hellbraun anschwitzen. Dabei ständig mit einem Holzlöffel rühren. Nach und nach die warme Milch mit einem Schneebesen darunter rühren. Die Sauce unter ständigem Rühren köcheln lassen, bis sie dick und seidig-cremig geworden ist.

3. Oregano (nach Belieben), Senf und Käse dazugeben und den Käse unter Rühren in der Sauce schmelzen lassen. Die Sauce über die Nudeln und das Gemüse geben und alles mischen.

4. Den Backofengrill auf mittlere Hitze vorheizen. Etwas geriebenen Käse und Brotbrösel über das Gericht streuen. Es so lange übergrillen, bis der Käse geschmolzen ist und die Brotbrösel goldbraun sind.

INFO BOX

Sowohl **Brokkoli** als auch **Blumenkohl** gehören zur Familie der Cruciferae, der Kreuzblütler. Sie enthalten wirkungsvolle Antioxidantien, die helfen, das Gehirn vor schädigenden freien Radikalen zu schützen.

TOFUKÜCHLEIN FÜR HELLE KÖPFE

Tofu wird aus der nährstoffreichen Sojabohne gemacht, die viel hochwertiges Eiweiß mit allen 8 essentiellen Aminosäuren enthält. Da er selbst recht mild ist, profitiert er von kräftigen Gewürzen und anderen Zutaten. Sie sind ein wunderbares, leichtes Mittagessen. Dazu passen Mangochutney, Vollkornreis und ein Salat oder auch ein Nudelsalat (siehe Seite 82).

Ergibt 10 Küchlein

250 g Tofu, geraspelt
1 kleine Zwiebel, geraspelt
1 Karotte, fein geraspelt
½ TL Zitronensaft
1 TL gemahlener Kreuzkümmel
2–3 TL Currypaste (aus dem Asialaden)
75 g Mehl
Salz und Pfeffer
Sonnenblumenöl zum Bestreichen

1. Tofu, Zwiebel, Karotte, Zitronensaft, Kreuzkümmel und Currypaste in einer Schüssel mischen. Mindestens 1 Stunde durchziehen lassen, damit die Aromen der Gewürze in den Tofu einziehen können.

2. Den Backofengrill auf mittlere Hitze vorheizen und ein Blech mit Alufolie belegen. Das Mehl in die Tofumischung rühren und alles mit Salz und Pfeffer abschmecken. Aus der Mischung 10 Küchlein formen. Die Küchlein mit Öl bestreichen und etwa 3 Minuten grillen, wenden, nochmals mit Öl bestreichen und auf der anderen Seite ebenfalls etwa 3 Minuten grillen. Sie sollten dabei leicht bräunen. Sofort servieren.

KICHERERBSEN-AUBERGINEN-TOPF

Die Süße der getrockneten Aprikosen macht diesen köstlichen Gemüse-Hülsenfrüchte-Eintopf bei Kindern beliebt. Wenn man die Auberginen zuerst grillt, hilft das, den Fettgehalt niedrig zu halten. Auberginen neigen dazu, beim Braten eine Menge Fett aufzusaugen. Den Eintopf zusammen mit Couscous servieren. Wenn es Erwachsene etwas schärfer mögen, einfach etwas Chili dazugeben.

Für 4 Personen

1 EL natives Olivenöl extra plus extra Öl zum Bestreichen
1 große Zwiebel, gehackt
1 Karotte, gewürfelt
1 große Aubergine, in mundgerechte Stücke geschnitten
1 rote Paprikaschote, ohne Kerne und in Streifen geschnitten
2 Knoblauchzehen, gehackt
1 TL gemahlener Koriander
2 TL gemahlener Kreuzkümmel
1 TL gemahlener Kurkuma
600 ml passierte Tomaten
100 ml Gemüsebrühe
2 TL Tomatenmark
10 ungeschwefelte Aprikosen, gehackt
200 g Kichererbsen (aus der Dose), abgespült und abgetropft
1 Hand voll schwarze Oliven, ohne Stein
Salz und Pfeffer
1 EL frisch gehackter Koriander zum Garnieren (nach Belieben)

1. Das Olivenöl in einem großen Kochtopf mit dickem Boden bei mittlerer Hitze erwärmen. Zwiebel dazugeben, Topf abdecken und Zwiebel etwa 7 Minuten weich dünsten. Karotten etwa 3 Minuten gar dämpfen.
2. Inzwischen den Backofengrill auf mittlere Hitze vorheizen und ein Blech mit Alufolie belegen. Auberginenstücke mit etwas Öl bestreichen, auf die Folie legen und etwa 6 Minuten grillen. Dabei die Aubergine gelegentlich wenden, bis sie gebräunt und gar ist.
3. Paprikaschote und Knoblauch zu der Zwiebel geben und im geschlossenen Topf etwa 2 Minuten dünsten, dabei gelegentlich umrühren. Die Gewürze darunter rühren und alles 1 weitere Minute dünsten.
4. Tomaten, Brühe und Tomatenmark darunter rühren und das Ganze etwa 5 Minuten köcheln lassen. Dann die Aprikosen, Kichererbsen und Oliven dazugeben. Den Topf halb zudecken. Das Gemüse weitere 10 Minuten köcheln lassen, die Sauce sollte eingekocht und eingedickt sein. Mit Salz und Pfeffer würzen und zusammen mit Couscous servieren. Nach Belieben frischen Koriander vor dem Servieren darüber streuen.

INFO BOX

Gemüse, Hülsenfrüchte und **Getreide** spielen eine Hauptrolle auf einem gesundheitsfördernden Speiseplan. Sie liefern über einen längeren Zeitraum Energie und helfen so, die Konzentration aufrechtzuerhalten. Hülsenfrüchte sind eine gute Quelle für B-Vitamine, Eisen, Magnesium und Zink.

BELEBENDER REISTOPF

Die Kombination von Vollkornreis, Linsen, Eiern und Gemüse steckt voll wertvollem Eiweiß. Das leicht gewürzte Gericht ist bei meiner Familie immer sehr beliebt. Es schmeckt sehr gut mit Chapati (indischem Fladenbrot) oder Soft Tortillas.

INFO BOX

Linsen sind reich an B-Vitaminen, Zink und Eisen. Das Eiweiß der Linsen ergänzt das von Gemüse und **Vollkornreis** ideal. Das heißt, dass diese Zutaten, wenn sie miteinander kombiniert werden, alle notwendigen Aminosäuren liefern, die das Gehirn braucht, um Botenstoffe zu bilden.

Für 4–6 Personen

100 g getrocknete rote Linsen
200 g Vollkornreis
1 EL natives Olivenöl extra
1 große Zwiebel, fein gehackt
2 Knoblauchzehen, zerdrückt
1 TL fein gemahlener Ingwer
½ TL gemahlener Kurkuma
2–3 TL Garam masala (indische Gewürzmischung)
600 ml Gemüsebrühe
1 Karotte, gewürfelt
3 Brechbohnen, diagonal in Stücke geschnitten
120 g TK-Erbsen
4 Eier, hart gekocht und geviertelt
Chapati oder kleine Soft Tortillas als Beilage (nach Belieben)

1. Linsen und Reis getrennt unter fließendem kalten Wasser waschen. Linsen in einen Topf geben und mit Wasser bedecken. Das Wasser zum Kochen bringen, die Hitze reduzieren und den Schaum, der an die Oberfläche steigt, abschöpfen. Den Topf halb zudecken und die Linsen etwa 20 Minuten bzw. so lange kochen, bis sie gar sind. Absieben und beiseite stellen.
2. Inzwischen das Öl in einem großen Kochtopf mit dickem Boden erhitzen, die Zwiebel hineingeben, den Topf zudecken. Die Zwiebel in etwa 7 Minuten weich dünsten. Knoblauch und Ingwer dazugeben, etwa 1 Minute dünsten, Gewürze und Reis hineinrühren und alles 1 weitere Minute dünsten.
3. Gemüsebrühe zum Reis geben, zum Kochen bringen, dann die Hitze reduzieren. Den Topf schließen und den Reis etwa 15 Minuten köcheln lassen. Karotte und Bohnen dazugeben, umrühren und den Topf wieder schließen. Das Ganze weitere 20 Minuten köcheln, bis der Reis gar ist und die Brühe aufgenommen hat. In den letzten 5 Minuten Kochzeit die Erbsen dazugeben.
4. Die Linsen unter den würzigen Reis rühren und alles mischen. Die Mischung auf Chapati oder Tortillas geben, mit hart gekochtem Ei belegen. Die Fladen nach Belieben aufrollen.

CHASHEWBRATEN FÜR CLEVERE KÖPFE

Cashewkerne enthalten eine große Palette an Nährstoffen, die das Gehirn benötigt. Nussbraten stehen häufig auf dem Speiseplan von Vegetariern, sie bieten aber auch Mischköstlern viele gesundheitliche Vorteile. Diese Variante ist ausgesprochen leicht und wird durch eine cremige Zwiebelsauce ergänzt.

Für 4 Personen
2 EL natives Olivenöl extra
2 Zwiebeln, fein gehackt
2 Karotten, geraspelt
2 Pastinaken, geraspelt
2 TL getrocknete gemischte Kräuter
1 TL Thymian
140 g Chashewkerne
2 Scheiben Vollkornbrot ohne Rinde
2 EL Sonnenblumenkerne
1 EL Worcestershire-Sauce (oder eine vegetarische Würzsauce)
1 TL körnige Gemüsebrühe
2 Eier, verquirlt
Salz und Pfeffer

Für die Zwiebelsauce:
1 kleines Stück Butter
1 TL natives Olivenöl extra
2 Zwiebeln, fein gehackt
1 EL Mehl
300 ml warme Milch
1 TL Dijonsenf
1 große Prise Muskatnuss
Salz und Pfeffer

1. Für die kleinen Nussbraten den Backofen auf 200 °C vorheizen. Das Öl in einem großen Kochtopf mit dickem Boden erhitzen. Zwiebeln dazugeben, Topf schließen und Zwiebeln etwa 7 Minuten weich dünsten. Karotten, Pastinaken und Kräuter dazugeben und weitere 2 Minuten dünsten. Den Topf vom Herd nehmen.
2. Inzwischen die Chashewkerne in einer Küchenmaschine fein hacken, dann die Brotbrösel darunter mixen. Zusammen mit den Sonnenblumenkernen zur Gemüsemischung geben. Worcestershire-Sauce und Gemüsebrühe darunter rühren. Die Eier dazugeben, würzen und alles gut verrühren.
3. Die Mischung in vier gefettete Timbale-Förmchen oder Ringförmchen (10 cm Durchmesser) geben. In 30 Minuten goldbraun backen.
4. Inzwischen die Zwiebelsauce zubereiten. Butter und Öl in einem Kochtopf erhitzen, Topf schließen und Zwiebeln etwa 8 Minuten weich und hellbraun dünsten. Das Mehl dazugeben, die Hitze reduzieren und das Mehl etwa 1 Minute anschwitzen, dabei ständig rühren. Die Hälfte der warmen Milch darunter rühren und alles bei mittlerer Hitze köcheln. Dabei ständig rühren, bis die Sauce dick wird. Die restliche Milch und den Senf einrühren. Die Sauce etwa 6 Minuten köcheln lassen, bis sie eine cremige Konsistenz und keinen Mehlgeschmack mehr hat. Mit Muskatnuss, Salz und Pfeffer abschmecken. Die Sauce in einer Küchenmaschine oder einem Mixer fein, glatt und cremig pürieren. In einen Kochtopf geben und, wenn nötig, nochmals erhitzen.

INFO BOX

B-Vitamine, essentielle Omega-6-Fettsäuren, Kalzium, Eisen, Magnesium, Kalium, Selen und Zink gehören zur Fülle an hirnstimulierenden Nährstoffen, die **Cashewkerne** liefern. Sie sind jedoch ziemlich fettreich und sollten daher nur in Maßen verzehrt werden.

TERIYAKI-THUNFISCH MIT NUDELN

Thunfisch gehört zu den Fettfischen und ist deshalb ein wunderbares Lebensmittel, das Gehirn und Nerven positiv beeinflusst.

Für 4 Personen
8 EL Teriyakisauce
1 TL Honig
500 g frischer Thunfisch, in Streifen geschnitten
Salz und Pfeffer
1 TL Sesamsaat zum Bestreuen (nach Belieben)

Für den Nudelsalat:
200 g mittelbreite Eiernudeln
3 TL Sojasauce
2 TL Sesamöl

1 EL natives Olivenöl extra
1 Spritzer Zitronensaft
½ TL Honig
4 Tomaten, entkernt und gehackt
5-cm-Stück Gurke, gewürfelt
½ rote Paprikaschote, entkernt und gewürfelt
1 EL frisch gehackter Koriander oder Basilikum (nach Belieben)
2 Frühlingszwiebeln, diagonal in Streifen geschnitten

1. Teriyakisauce und Honig mischen und über den Thunfisch gießen. Thunfisch in der Marinade wenden. Mit Salz und Pfeffer würzen. Den Fisch mindestens 1 Stunde marinieren.
2. Inzwischen die Nudeln für den Salat nach Packungsanweisung kochen. Gut abtropfen lassen und unter kaltem Wasser abspülen. Sojasauce, Sesamöl, Olivenöl, Zitronensaft und Honig mischen und das Dressing über die Nudeln geben. Tomaten, Gurke, Paprikaschote und nach Belieben Koriander oder Basilikum dazugeben. Frühlingszwiebeln darunter heben. Alle Salatzutaten gut mischen.
3. Eine Grillpfanne oder den Backofengrill erhitzen. Die Thunfischstreifen in die Pfanne legen, die Hälfte der Teriyakimarinade darüber gießen und den Fisch etwa 2 Minuten bzw. so lange garen, bis er den gewünschten Garpunkt erreicht hat. Dabei wenden. Wenn nötig in Portionen garen.
4. Den Nudelsalat in vier Schalen geben, die Thunfischstreifen darauf legen. Sesamsaat nach Belieben darüber streuen.

KABELJAU AUF MEDITERRANE ART

Zu diesem Kabeljau, der einfach zusammen mit Gemüse und Kartoffeln gebraten wird, wird eine Knoblauch-Kräuter-Sauce serviert. Wenn Ihre Kinder keine Kräuter mögen, können Sie Knoblauchmayonnaise nehmen. Als Beilage genügt ein Salat.

Für 4 Personen
600 g kleine neue Kartoffeln
2 EL natives Olivenöl extra
8 Schalotten, geschält
12 Kirschtomaten
3 Zweige frischer Oregano
4 dicke Kabeljaufilets, ohne Haut (ca. 600 g)
Salz und Pfeffer
1 Zitrone, in Scheiben geschnitten

Für die Kräutersauce:
4 EL natives Olivenöl extra
1 Knoblauchzehe, zerdrückt
4 EL frisch gehackte Petersilie
2 EL frisch gehackte Minze
Saft von ½ Zitrone
Salz und Pfeffer

1. Den Backofen auf 200 °C vorheizen. Die Kartoffeln waschen und in eine große Auflaufform legen (eventuell benötigen Sie zwei Formen). Öl darauf geben und Kartoffeln darin gut wenden. Kartoffeln im Backofen 30–35 Minuten braten, dabei gelegentlich wenden. Nach etwa 15 Minuten Schalotten dazugeben, umrühren, um das Gemüse mit Öl zu überziehen. Alles wieder in den Ofen geben.
2. Tomaten und Oregano zum Gemüse geben und den Kabeljau darauf legen. Mit Salz und Pfeffer würzen. Die Zitronenscheiben auf den Fisch legen und das Ganze weitere 10 Minuten oder so lange im Ofen garen, bis Gemüse und Fisch gar sind.
3. Inzwischen alle Zutaten für die Kräutersauce in einen Mixer geben und mixen.
4. Zum Servieren die Kräuter und Zitronenscheiben entfernen. Gemüse auf vier Tellern anrichten, den Fisch darauf legen (für Kinder eventuell in Stücke schneiden). Kartoffeln und Kräutersauce als Beilage dazu reichen.

INFO BOX

Frischer Fisch ist eine fettarme Quelle für Eiweiß, B-Vitamine, Zink, Selen, Calcium. Sie alle sind für ein gesundes Nervensystem und den Denkprozess notwendig sind.

CREMIGE PORREE-FISCH-SUPPE

Diese nahrhafte, dicke Suppe schmeichelt dem Gaumen und enthält eine Fülle von Nährstoffen, die das Gehirn stimuliert. In England nimmt man dafür geräucherten Schellfisch, man kann aber auch andere Fischsorten, wie z. B. Forelle nehmen.

Für 4 Personen
600 g geräuchertes Fischfilet
Milch zum Kochen
200 g getrocknete rote Linsen
1 Lorbeerblatt
1 große Stange Porree, in Ringe geschnitten
1 Karotte, in Scheiben geschnitten
1 Stange Bleichsellerie, in Scheiben geschnitten
750 ml Gemüsebrühe
200 g Gemüsemais (aus der Dose), abgetropft und abgespült
2 EL Crème fraîche oder Schmand
Salz und Pfeffer
1 TL frisch gehackter Schnittlauch oder frisch gehackte Petersilie zum Bestreuen

1. Den Fisch in einen großen, flachen Kochtopf geben und so viel Milch darüber gießen, dass er gerade bedeckt ist. Den Fisch darin etwa 8 Minuten bei geringer Hitze ziehen lassen. Dann aus der Milch nehmen und abkühlen lassen. Die Haut und etwaige Gräten entfernen und den Fisch in große Stücke teilen. Beiseite stellen.
2. Linsen, Lorbeerblatt, Porree, Karotte, Sellerie und Brühe in einen großen Topf geben. Alles zum Kochen bringen. Den Schaum,

INFO BOX

Die B-Vitamine in den **Linsen** und im **Fisch** helfen dem Körper, die energiereichen Nährstoffe aus Lebensmitteln zu verwerten, die für eine optimale Gehirnfunktion notwendig sind. Sie können (bis auf Vitamin B_{12}) nicht lange im Körper gespeichert werden, deshalb sollte man sie jeden Tag zu sich nehmen.

der an die Oberfläche steigt, abheben und die Hitze reduzieren. Den Topf halb zudecken und die Suppe 25–30 Minuten köcheln lassen, bis Linsen und Gemüse weich sind. In den letzten 5 Minuten Kochzeit den Mais dazugeben.

3. Lorbeerblatt entfernen und die Suppe mit einem Pürierstab oder in der Küchenmaschine kurz pürieren. Einige Gemüsestücke sollten noch ganz bleiben. 125 ml der Milch, in der der Fisch gegart wurde, sowie die Crème fraîche oder den Schmand dazugeben. Alles mischen und gründlich erhitzen. Den Fisch vorsichtig darunter heben, darauf achten, dass die Stücke nicht zerbrechen. Die Suppe nach Belieben würzen, in Suppenteller geben und Schnittlauch oder Petersilie darüber streuen.

LACHSKÜCHLEIN MIT ERBSENPÜREE

Mit Hilfe von Gemüsepürees kann man Kindern Gemüse schmackhaft machen. Hier ein cremiges Erbsenpüree, das mit Minze gewürzt wird. Der frische Lachs ist reich an Omega-3-Fettsäuren.

Für 4 Personen

350 g Lachsfilet, ohne Haut
Milch zum Garziehen
650 g Kartoffeln, geschält und in Stücke geschnitten
1 EL Tomatenketchup
2 TL Dijonsenf
2 Frühlingszwiebeln, dünn geschnitten
Salz und Pfeffer
Mehl zum Bestäuben
Sonnenblumenöl zum Braten

Für das Erbsenpüree:

120 g TK-Erbsen
2 EL Schlagsahne
2 TL frisch gehackte Minze
Salz und Pfeffer

1 Den Lachs in einen großen, flachen Topf geben. So viel Milch dazugießen, dass der Fisch bedeckt ist, und zum Kochen bringen. Die Hitze reduzieren und den Lachs in 3–4 Minuten gar ziehen lassen, dann herausnehmen und die Milch beiseite stellen. Den Lachs leicht abkühlen lassen, dann das Fischfleisch in große Stücke teilen, Gräten entfernen.

2. Inzwischen die Kartoffeln etwa 15 Minuten bzw. so lange kochen, bis sie weich sind. Abgießen und zusammen mit 2–3 Esslöffeln der beiseite gestellten Milch zerdrücken. Das Püree soll ziemlich trocken, aber glatt und ohne Klumpen sein.

3. Ketchup, Senf, Frühlingszwiebeln und die Hälfte des Lachses unter die zerdrückten Kartoffeln geben. Nach Belieben würzen. Alles gründlich mischen, dann den restlichen Lachs vorsichtig so unter die Kartoffelmischung geben, dass er nicht zerbricht.

4. Etwas Mehl auf einen großen Teller geben. Aus der Kartoffel-Fisch-Mischung mit leicht bemehlten Händen 8 Küchlein formen. Die Fischküchlein auf ein Backblech legen, mit Frischhaltefolie abdecken und 30 Minuten in den Kühlschrank stellen, damit sie fest werden.

5. So viel Öl in eine große Pfanne geben, dass der Boden gut bedeckt ist. Jeweils 3 Fischküchlein portionsweise 3 Minuten auf jeder Seite braten. Sie sollten knusprig und goldbraun werden.

6. Inzwischen die Erbsen etwa 2 Minuten kochen. Gut abtropfen lassen, dann zusammen mit der Sahne und der Minze in einer Küchenmaschine oder einem Mixer pürieren. Nach Geschmack würzen. Zusammen mit den Fischküchlein servieren.

PERFEKT IN PINK

Die Forelle zählt ebenfalls zu den Fettfischen. Ihr zartrosa Fleisch hat eine feine Konsistenz und ist mild im Geschmack. In diesem Rezept wird der Fisch in knusprigem Hafermehl paniert und kurz gebraten. Hafermehl erhält man in Reformhäusern oder Bioläden. Zusammen mit neuen Kartoffeln und gedämpftem Gemüse servieren.

Für 4 Personen
4 Forellenfilets (ca. 500 g)
mittelgrobes Hafermehl zum Panieren
Salz und Pfeffer
1 kleines Stück Butter
2 EL Sonnenblumenöl zum Braten
Zitronenspalten zum Garnieren

Für die Sauce:
4 EL Kräuterremoulade (Fertigprodukt)
2 EL Mayonnaise

1. Den Fisch mit einem kleinen, scharfen Messer enthäuten, die Filets abspülen und mit einem Küchentuch trockentupfen. Jedes Filet in 2,5 cm breite Streifen schneiden.
2. Hafermehl auf einen Teller geben und mit Salz und Pfeffer würzen. Den Fisch im Mehl wenden, bis beiden Seiten gut damit überzogen sind.
3. Die Hälfte der Butter und des Öls in einer großen, schweren Pfanne erhitzen. Die Hälfte der Forellenstreifen hineingeben, etwa 2 Minuten auf einer Seite braten, wenden und 1 weitere Minute braten. Herausnehmen und warm halten. Die restliche Butter und das restliche Öl in die Pfanne geben und den restlichen Fisch auf die gleiche Weise braten.
4. Für die Sauce Kräuterremoulade und Mayonnaise mischen. Den Fisch auf vier Tellern verteilen, zusammen mit einem Löffel Sauce und Zitronenspalten servieren.

GARNELENNUDELN

Dieses unglaublich leichte Nudelgericht ist etwas ganz Besonderes und für eine Mahlzeit am Abend ideal. Die Nudeln wirken beruhigend und liefern Nährstoffe für die kommende Nacht. Zusammen mit einem Salat servieren.

Für 4 Personen
250 g Vollkornspaghetti
1 EL natives Olivenöl extra
1 große Knoblauchzehe, gehackt
2 TL getrockneter Oregano
60 ml trockener Weißwein
400 ml passierte Tomaten
½ TL Zucker
2 gehäufte EL Frischkäse
75 g TK-Erbsen, aufgetaut
175 g gegarte Garnelen (frisch oder aufgetaute TK-Ware)
Salz und Pfeffer

1. Die Nudeln nach Packungsanweisung in gesalzenem Wasser kochen. 2 Esslöffel Kochwasser abnehmen, die Nudeln abgießen.
2. Inzwischen das Öl in einer großen, schweren Pfanne erhitzen. Knoblauch und Oregano darin etwa 1 Minute dünsten, darauf achten, dass der Knoblauch nicht verbrennt. Den Wein dazugießen, alles zum Kochen bringen, dann bei mittlerer Hitze so lange köcheln lassen, bis die Flüssigkeit leicht eingekocht ist und keinen Alkoholgeruch mehr verströmt.
3. Tomaten und Zucker hineinrühren, die Hitze reduzieren und alles 10 Minuten einköcheln. Frischkäse hineinrühren, Erbsen und Garnelen dazugeben. Die Sauce würzen und gründlich erhitzen.
4. Nudeln, beiseite gestelltes Kochwasser und Sauce mischen und die Garnelennudeln sofort servieren.

INFO BOX

Garnelen sind eine gute Quelle für Zink, ein Mineralstoff, den die Hirnanhangsdrüse braucht. Ein Zinkmangel kann sich in Stimmungsschwankungen, Depression und Gereiztheit bemerkbar machen.

GEBRATENES PESTO-HÄHNCHEN

Hähnchen ist eine hervorragende magere Quelle für Eiweiß. Vergewissern Sie sich jedoch, dass Sie Bio-Hähnchen kaufen. Sie sind von besserer Qualität und besserem Geschmack. Dieses Rezept zeigt, wie man Pesto rosso selbst machen kann. Sie können auch ein Fertigprodukt verwenden. Nehmen Sie das Beste, das erhältlich ist. Zusammen mit gebratenen Kartoffeln und viel Gemüse servieren.

Für 4 Personen
4 Hähnchenbrustfilets, ohne Haut (ca. 600 g)
1 EL natives Olivenöl extra
2 EL Pinienkerne

Für das Pesto rosso:
130 g getrocknete Tomaten in Öl (abgetropft gewogen), gehackt
2 Knoblauchzehen, zerdrückt
4 EL Pinienkerne
150 ml natives Olivenöl extra
60 g frisch geriebener Parmesan

1. Den Backofen auf 200 °C vorheizen. Für das Pesto die Zutaten in eine Küchenmaschine geben und so lange mixen, bis ein grobes Püree entstanden ist.
2. Hähnchenbrustfilets in eine große Auflaufform legen. Jedes Filet mit Öl bestreichen. Dann je 1 Esslöffel Pesto darauf geben und das Fleisch ganz damit bestreichen. Restliches Pesto kann luftdicht verschlossen bis zu 1 Woche im Kühlschrank aufbewahrt werden.
3. Das Hähnchen etwa 30 Minuten bzw. so lange braten, bis es gar ist. Der herauslaufende Fleischsaft darf nicht mehr blutig sein, wenn man das Fleisch mit einem Spießchen ansticht.
4. Inzwischen die Pinienkerne in einer trockenen Pfanne leicht rösten. Die Hähnchenbrustfilets auf vier Tellern verteilen, mit den Pinienkernen bestreuen. Mit Bratkartoffeln und gedämpftem Gemüse servieren.

INFO BOX

Selen, Zink und B-Vitamine wurden in **Putenfleisch** nachgewiesen. Sie alle sind wichtig für die Gehirntätigkeit. **Garnelen** enthalten ebenfalls Zink, während **Erbsen** viel Vitamin C und Betacarotin liefern.

BERUHIGENDE PAELLA

„Beruhigend" ist ein seltsames Adjektiv für Paella. Fachleute haben jedoch herausgefunden, dass Reis Tryptophan enthält, einen Vorläufer von Serotonin. Dies ist eine Substanz, die einen beruhigenden Effekt auf das Gehirn hat. Pute hat eine ähnliche Wirkung, deshalb steht nach diesem Abendessen einem guten Schlaf nichts mehr im Wege. Darüber hinaus lieben Kinder solche schmackhaften Gerichte nicht nur vor dem Schlafengehen.

Für 4 Personen
2 EL natives Olivenöl extra
1 große Zwiebel, gewürfelt
2 Putenbrustfilets, ohne Haut (ca. 350 g), in mundgerechte Stücke geschnitten
1 rote Paprikaschote, entkernt und gewürfelt
2 Knoblauchzehen, gehackt
2 Tomaten, entkernt und gehackt
1 EL Tomatenmark
1 Prise Safran
800 ml heiße Geflügel- oder Gemüsebrühe
250 g Paellareis
120 g TK-Erbsen
150 g gegarte Garnelen (frisch oder aufgetaute TK-Ware)
Salz und Pfeffer

1. Das Öl in einer großen, schweren Pfanne (mit Deckel) erhitzen. Zwiebel dazugeben, Pfanne zudecken und die Zwiebel etwa 7 Minuten weich dünsten. Putenfleisch, Paprikaschote und Knoblauch dazugeben und alles bei mittlerer Hitze etwa 5 Minuten braten. Dabei häufig rühren, bis die Pute überall gebräunt ist.
2. Tomaten, Tomatenmark, Safran und Brühe dazugeben. Den Reis einrühren und zum Kochen bringen. Die Hitze reduzieren, die Pfanne abdecken und den Reis etwa 15 Minuten bzw. so lange köcheln, bis er weich ist.
3. Erbsen und Garnelen dazugeben, mit Salz und Pfeffer würzen. Die Paella etwa 2 Minuten erhitzen, dabei häufig durchrühren.

FRIKASSEE

Dieses cremige, aber magere Frikassee zeigt, wie schmackhaft die gesunde Kombination aus Putenfleisch, Gemüse und Hülsenfrüchten sein kann. Zusammen mit Reis wird daraus ein ausgewogenes und nährstoffreiches leichtes Abendessen. Der Weißwein rundet den Geschmack ab, und da der Alkohol vollständig verdampft, hat er keine negativen Effekte. Aber Sie können ihn natürlich auch weglassen und die Menge an Brühe entsprechend erhöhen.

Für 4 Personen
1 EL Mehl
Salz und Pfeffer
4 Putenbrustfilets, ohne Haut (ca. 600 g), in mundgerechte Stücke geschnitten
1 EL natives Olivenöl extra
1 große Zwiebel, fein gehackt
2 Knoblauchzehen, gehackt
1 rote Paprikaschote, entkernt und gewürfelt
2 TL getrockneter Oregano
2 Karotten, fein gewürfelt
2 Kolben Gemüsemais, Kerne ausgelöst
60 ml trockener Weißwein
150 ml Geflügel- oder Gemüsebrühe
4 EL Schmand
200 g weiße Bohnen (aus der Dose), abgespült und abgetropft

1. Mehl auf einen Teller geben und mit Salz und Pfeffer würzen. Putenfleischstücke im Mehl wenden. Öl in einer großen, schweren Pfanne (mit Deckel) bei mittlerer Hitze erwärmen und die Zwiebel darin etwa 7 Minuten dünsten. Zwiebelwürfel herausnehmen und Fleisch im Öl 10–15 Minuten bräunen. Dabei häufig wenden, um ein Anbrennen zu vermeiden. Wenn nötig ein wenig Brühe dazugießen.
2. Zwiebel wieder dazugeben. Knoblauch, Paprikaschote und Oregano ebenfalls dazugeben. Das Ganze 2–3 Minuten dünsten, bis die Paprikaschote weich ist. Karotten, Maiskerne und Weißwein dazugeben. Die Hitzezufuhr steigern, die Flüssigkeit einkochen und den Alkohol verdampfen lassen – bis kein Alkoholgeruch mehr verströmt.
3. Die Hitze reduzieren, Brühe dazugeben. Die Pfanne abdecken und das Frikassee etwa 10 Minuten köcheln lassen. Schmand und weiße Bohnen darunter rühren und alles gründlich erhitzen. Das Frikassee abschmecken und servieren.

INFO BOX

Verwenden Sie für dieses Gericht mageres **Bio-Schweinefleisch** von guter Qualität. Rotes Fleisch ist reich an Eisen. Ein Mangel an diesem Mineralstoff wird mit Verhaltensproblemen, einschließlich Stimmungsschwankungen, Reizbarkeit und Hyperaktivität in Verbindung gebracht.

GEBRATENES SCHWEINEFLEISCH MIT ÄPFELN

Hier wird mageres Schweinefilet verwendet, das sehr schnell gar wird. Die Hülsenfrüchte enthalten Eiweiß und Mineralstoffe fürs Gehirn.

Für 4 Personen
1 EL Mehl
1 TL Paprikapulver
700 g Schweinelende, küchenfertig, in mundgerechte Stücke geschnitten
1 ½ EL natives Olivenöl extra
1 große Zwiebel, fein gehackt
1 großer Apfel, entkernt, geschält und in mundgerechte Stücke geschnitten
1 EL frisch gehackter Rosmarin
300 ml Gemüsebrühe
2 Tomaten, entkernt und grob gehackt
400 g weiße Bohnen (aus der Dose), abgespült und abgetropft, oder gegarte Flageolet-Bohnen
2 EL Schmand
Salz und Pfeffer

1. Mehl und Paprika auf einem Teller mischen. Die Schweinefleischstücke darin wenden, überschüssiges Mehl abschütteln.
2. Öl in einer schweren Pfanne bei mittlerer Hitze erwärmen. Schweinefleisch dazugeben und etwa 5 Minuten auf allen Seiten braun anbraten, dabei das Fleisch wenden. Zwiebel dazugeben und etwa 7 Minuten mitbraten. Apfel und Rosmarin dazugeben, 3–4 Minuten mitgaren, bis der Apfel zu zerfallen beginnt.
3. Die Brühe hineinrühren, zum Kochen bringen, dann die Hitze reduzieren und das Ganze 15 Minuten köcheln lassen, dabei dickt und kocht die Brühe ein. Tomaten und Bohnen hineinrühren und alles weitere 10 Minuten bei geringer Hitze köcheln. Schmand hineinrühren. Das Gericht vor dem Servieren gründlich erhitzen, abschmecken und servieren.

HACK AUF LANDHAUS-ART

Ich habe hierfür Rinderhackfleisch verwendet, doch mild gewürzt lässt sich auch eine vegetarische Fleisch-Alternative zubereiten. Diese anstelle der Hackfleischmischung in Schritt 4 zusammen mit den Gewürzen dazugeben. Gedämpfter Brokkoli und Zuckererbsen sind als Beilage ideal.

Für 4 Personen

1 ½ EL natives Olivenöl extra
1 Zwiebel, fein gehackt
500 g mageres Rinderhackfleisch
1 Karotte, geraspelt
1 Stange Bleichsellerie, fein gehackt
2 Knoblauchzehen, gehackt
1 Lorbeerblatt
60 ml trockener Weißwein (nach Belieben)
1 TL Paprikapulver
1 TL gemahlener Kreuzkümmel
1 TL gemahlener Koriander
600 ml passierte Tomaten
150 ml Gemüsebrühe
200 g weiße Bohnen (aus der Dose), abgespült und abgetropft
Salz und Pfeffer
2 TL Sesamsaat

Für das Süßkartoffelpüree:

250 g Süßkartoffeln, geschält und in Stücke geschnitten
450 g Kartoffeln, geschält und in Stücke geschnitten
25 g Butter
120 ml warme Milch

1. Den Backofen auf 200 °C vorheizen. Für das Püree beide Kartoffelarten in kochendem, gesalzenem Wasser etwa 15 Minuten gar kochen. Abgießen und die Butter und die warme Milch zufügen. Alles zu einem Püree zerdrücken und nach Belieben würzen. Beiseite stellen.
2. Inzwischen das Öl in einem großen Topf mit dickem Boden erhitzen. Zwiebel zufügen, Topf zudecken und die Zwiebel etwa 7 Minuten weich dünsten. Hackfleisch dazugeben und braun anbraten, dabei häufig rühren. Karotte, Sellerie, Knoblauch und Lorbeerblatt dazugeben und alles zugedeckt weitere 5 Minuten garen, dabei häufig rühren.
3. Wein dazugeben, die Hitze steigern und alles etwa 3 Minuten kochen lassen, bis der Wein eingekocht und der Alkohol verdampft ist. Dabei häufig rühren. Gewürze dazugeben und etwa 1 Minute anschwitzen. Tomaten und Brühe dazugießen, zum Kochen bringen, dann die Hitze reduzieren und die Bohnen darunter rühren. Den Topf halb zudecken und das Hackfleisch etwa 10 Minuten köcheln lassen. Dabei dickt und kocht die Sauce etwas ein. Das Ganze abschmecken.
4. Die Hackfleischmischung in eine Auflaufform geben, das Püree darüber geben und mit dem Löffelrücken so verstreichen, dass das Fleisch ganz bedeckt ist. Sesamsaat darüber streuen. Das Ganze 25–30 Minuten backen, bis das Püree knusprig und braun wird.

WURST-BOHNEN-EINTOPF

Schweinewürstchen werden für diesen wärmenden, nahrhaften Eintopf gebraucht. Aber diese sollten von guter Qualität sein. Sie können genauso vegetarische Würstchen nehmen. Weitere Zutaten sind weiße Bohnen, Gemüse und Nüsse, die eine große Palette von Nährstoffen für das Gehirn bieten. Servieren Sie den warmen Eintopf zusammen mit Backofenkartoffeln und grünem Gemüse.

Für 4 Personen

8 magere Schweinewürstchen oder vegetarische Würstchen
2 EL natives Olivenöl extra
1 große Zwiebel, fein gehackt
2 Knoblauchzehen, gehackt
1 TL getrockneter Thymian
1 TL getrocknete gemischte Kräuter
1 rote Paprikaschote, entkernt und gewürfelt
675 g Butternuss-Kürbis, entkernt, geschält und in mundgerechte Stücke geschnitten
185 ml Apfelsaft (Direktsaft)
375 ml Gemüse- oder Geflügelbrühe
1 TL Dijonsenf
200 g weiße Bohnen (aus der Dose), abgespült und abgetropft
2 gehäufte EL ungesalzene, ungeröstete Cashewkerne
60 ml Milch
1 Scheibe Vollkornbrot, ohne Rinde, in Stücke gebrochen
Salz und Pfeffer

INFO BOX

Butternuss-Kürbis enthält Antioxidantien wie Betacarotin, Lutein und Vitamin C. Sie fördern die Konzentrationsfähigkeit und das Gedächtnis, weil sie Nervenzellen und Gehirn schützen. **Rote Paprikaschoten** haben ähnliche Eigenschaften.

1. Den Backofengrill auf mittlere Hitze vorheizen und ein Blech mit Alufolie belegen. Die Würstchen so lange grillen, bis sie braun und gar sind, dabei gelegentlich wenden. Beiseite stellen.

2. Inzwischen das Öl in einem großen Kochtopf bei mittlerer Hitze erhitzen. Zwiebel dazugeben, Topf zudecken und etwa 7 Minuten weich dünsten, dabei gelegentlich umrühren. Knoblauch, Kräuter und Paprikaschote dazugeben und zugedeckt weitere 3 Minuten dünsten. Kürbis darunter rühren und etwa 5 Minuten garen.

3. Apfelsaft dazugießen. Die Hitze steigern, alles zum Kochen bringen und den Saft etwa 3 Minuten einkochen lassen. Die Hitze auf mittlere Stufe reduzieren, Brühe in den Topf gießen. Senf und Bohnen hineinrühren. Das Ganze im offenen Topf etwa 15 Minuten köcheln lassen.

4. Während der Eintopf kocht, die Cashewkerne in einer Küchenmaschine mahlen, dann Milch und Brot dazugeben. So lange pürieren, bis eine dicke Paste entstanden ist. Die Paste in den Eintopf rühren und ihn damit andicken. Weitere 5 Minuten köcheln lassen und vor dem Servieren nach Belieben würzen.

INFO BOX

Mageres Fleisch kann eine wichtige Rolle in einem gesunden Speiseplan spielen, wenn es in moderaten Mengen verzehrt wird. Fleisch enthält hochwertiges Eiweiß und ist eine wertvolle Quelle für Eisen, Zink und einige B-Vitamine in gut verfügbarer Form. Ein Eisenmangel wird mit Lernschwierigkeiten und Konzentrationsmangel in Verbindung gebracht. Biofleisch ist frei von unerwünschten Stoffen, denen schnell aufgezogene Tiere oft ausgesetzt sind.

HERBSTLICHES RINDFLEISCHSTEW

Für dieses herzhafte Stew ist es wichtig, Bio-Rindfleisch von guter Qualität zu nehmen. Lassen Sie sich von der langen Garzeit nicht abschrecken, denn das Stew kocht praktisch von alleine. Das Ergebnis ist eine kräftiger, dickflüssiger Bratenfond und köstliches, saftiges Fleisch. Zusammen mit Püree und einer grünen Gemüsesorte servieren.

Für 4 Personen

3 EL Mehl
Salz und Pfeffer
750 g mageres Rindergulaschfleisch, gewürfelt
3 EL natives Olivenöl extra
12 Schalotten, geschält und je nach Größe halbiert oder geviertelt
2 Karotten, in Streifen geschnitten
1 Pastinake, in Scheiben geschnitten
2 Lorbeerblätter
1 EL frisch gehackter Rosmarin
1 EL frisch gehackter Thymian
450 ml Bier
250 ml Rinderbrühe
1 EL Worcestershire-Sauce
200 g gegarte Maronen, abgetropft

1. Den Backofen auf 170 °C vorheizen. Das Mehl in einen sauberen Gefrierbeutel oder auf einen Teller geben und kräftig würzen. Die Fleischwürfel im gewürzten Mehl wenden, bis sie gut überzogen sind. 1 Esslöffel Öl in einem feuerfesten Bräter erhitzen. Ein Drittel des Fleisches in das Öl geben und 5–6 Minuten auf allen Seiten braun anbraten, dabei gelegentlich wenden. Das Fleisch kann am Topfboden hängen bleiben, bis sich die Poren gut geschlossen haben. Das Fleisch aus dem Topf nehmen und die restlichen beiden Portionen anbraten. Dabei noch 1 Esslöffel Öl dazugeben. Beiseite stellen.

2. Das restliche Öl in den Bräter geben. Schalotten, Karotten, Pastinaken und Kräuter dazugeben und alles etwa 3 Minuten anbraten, dabei gelegentlich umrühren.

3. Das Bier dazugießen und aufkochen. Bei größter Hitze so lange kochen, bis der Alkohol im Bier verdampft ist und die Flüssigkeit eingekocht ist. Brühe und Worcestershire-Sauce dazugeben, das Ganze weitere 3 Minuten kochen.

4. Maronen und Rindfleisch dazugeben. Alles zum Kochen bringen, dann den Bräter abdecken und in den Ofen stellen. Etwa 2 Stunden garen. Vor dem Servieren abschmecken.

PICKNICKS **UND PARTYS**

Nährstoffreiche Gerichte für Picknicks und Partys zu finden, kann eine echte Herausforderung sein. Dieses Kapitel enthält eine Auswahl an süßen und herzhaften Rezepten, die viel Spaß auf den Tisch und das Buffet bringen und gleichermaßen kleine wie große Gäste verwöhnen.

MÄRCHENHAFTE FRUCHTSCHALE

Wenn Ihre Kinder immer eine extra Aufforderung brauchen, um Früchte zu essen, ist dieses Rezept genau das Richtige. Die ausgehöhlte Melone dient als Schale und wird mit Früchten gefüllt.

Für 6 Personen

½ große Charentais- oder Kantalup-Melone, ohne Kerne
eine Auswahl an Früchten, wie Erdbeeren, Himbeeren, Nektarinen- oder Pfirsichscheiben, Orangenspalten oder kernlose Trauben

1. Eine kleine Scheibe am Boden der Melone abschneiden, damit sie besser stehen bleibt und als Schale genutzt werden kann. Das Fruchtfleisch mit einem Kugelausstecher oder einem Teelöffel herausstechen und beiseite stellen.
2. Die Melonenschale mit den Früchten und den Melonenkugeln füllen, eventuell entstandenen Fruchtsaft darüber gießen.

INFO BOX

Melonen, vor allem die mit orangefarbenem Fruchtfleisch, enthalten wertvolle Mengen an schützenden Antioxidantien Betacarotin und Vitamin C genauso wie Folsäure und Vitamin B_6.

MELONENBOOTE

Diese Melonensegelschiffe sind schnell gemacht und ein ganz besonderer Blickfang. Wählen Sie Bio-Käse, um unerwünschte Zusätze zu vermeiden. Seien Sie vorsichtig, wenn Sie diese Boote sehr kleinen Kindern reichen, denn an den Cocktailspießen können sie sich verletzen.

Für 12 Boote

1 kleine Melone, wie Galia, Charentais oder Kantalup
12 Scheiben Bio-Käse, wie Gruyère, Edamer oder Cheddar
12 Cocktailspieße

1. Die Melone halbieren und die Kerne mit einem Löffel entfernen. Jede Hälfte in 6 Spalten schneiden.
2. Jede Käsescheibe so auf einen Spieß stecken, dass sie wie Segel an einem Masten aussehen. Sie können noch eine Papierfahne auf jeden Spieß stecken.
3. Je einen Spieß auf eine Melonenspalte stecken. Die Boote sind servierbereit!

KÄSE-SCHINKEN-ANANAS-SPIESSE

Kinder mogen diese Spieße gern. Aber seien Sie vorsichtig. Die Spieße sind spitz. Wenn möglich, nehmen Sie frische Ananas statt Dosenware, sie ist reicher an Vitaminen. Aus Kirschtomaten, Speck und Nektarinenscheiben lassen sich schmackhafte Alternativen zubereiten.

INFO BOX

Ananas enthalten Mangan, das bei Gedächtnisschwäche hilft. Denn es verbessert die Sauerstoffversorgung und schützt das Hirngewebe.

Für 12 Spieße

250 g Halloumi-Käse (aus Zypern), in 12 Würfel geschnitten
1 kleine Ananas, geschält
2 dicke Scheiben magerer Schinken von guter Qualität, in 12 Würfel geschnitten

1. Den Backofengrill auf höchste Stufe vorheizen und ein Backblech mit Alufolie belegen. Die Käsewürfel darauf legen und leicht bräunen, dabei gelegentlich wenden. Leicht abkühlen lassen.
2. Ananas in dicke Scheiben schneiden, den Strunk entfernen und das Fruchtfleisch in 24 Stücke schneiden.
3. Ein Ananasstück auf einen Cocktailspieß stecken, dann ein Würfel Käse, dann ein Würfel Schinken darauf stecken und mit einem Ananasstück abschließen. 11 weitere Spieße auf die gleiche Weise zubereiten

PIZZA PRESTO!

Wenn Sie die Pizza selbst zubereiten, vermeiden Sie unerwünschte Zusätze, die oft in stark verarbeiteten Fertigprodukten zu finden sind. Diese Pizza ist ideal, wenn es schnell gehen muss, denn der Teig braucht nicht lange geknetet zu werden und muss nicht aufgehen.

Ergibt 8 Stück

60 g Vollkornmehl
175 g Mehl
2 leicht gehäufte TL Backpulver
2 TL getrockneter Oregano
1 TL Salz
4 EL natives Olivenöl extra

Für den Belag:

1 EL natives Olivenöl extra
1 Knoblauchzehe, zerdrückt
300 ml passierte Tomaten
2 TL Pesto rosso
8 Scheiben Mozzarella
2 EL geriebener mittelalter Gouda oder Cheddar

1. Für die Pizza die beiden Mehlsorten, das Backpulver, den Oregano und das Salz in einer Schüssel mischen. Die Hälfte des Olivenöls und 150 ml Wasser dazugeben. Alles mit den Händen zu einem glatten Teig verkneten.
2. Den Teig auf eine leicht mit Mehl bestreute Arbeitsfläche geben. So lange gut kneten, bis ein weicher Teig entstanden ist. Diesen in Frischhaltefolie wickeln und ruhen lassen, während die Tomatensauce zubereitet wird.
3. Für den Belag das Olivenöl in einem mittelgroßen Kochtopf mit dickem Boden bei geringer bis mittlerer Hitze erwärmen. Knoblauch darin etwa 1 Minute anbraten. Tomaten und Pesto rosso dazugeben und die Sauce etwa 8 Minuten kochen, sie dickt dabei ein. Gelegentlich umrühren.
4. Inzwischen den Teig in 8 Stücke teilen und jedes Stück zu einem etwa 6 cm runden Fladen ausrollen. Die Hälfte des restlichen Öls in einer großen, schweren Pfanne erhitzen. Die Hälfte der Teigstücke in die Pfanne geben und von jeder Seite 2–3 Minuten goldbraun braten. Herausnehmen und warm halten, während die restlichen Böden gebacken werden. Wenn nötig, das restliche Öl dazugeben.
5. Den Backofengrill auf mittlerer Hitze vorheizen. Die Tomatensauce auf die Pizzas streichen, auf jede Pizza eine Scheibe Mozzarella setzen und mit Käse bestreuen. 1–2 Minuten grillen, bis der Käse geschmolzen ist und braun wird.

INFO BOX

B-Vitamine, die **Eier** und **Schinken** liefern, helfen dabei, das Gehirn zu versorgen und können so das Denkvermögen und den Antrieb verbessern.

PICKNICK-MUFFINS

Anstelle eines fettreichen Teigs wird für diese Muffins magerer Schinken benutzt. Sie schmecken kalt oder warm und haben genau die richtige Größe für kleine Kinderhände.

Ergibt 8 Stück

Butter zum Fetten
8 kleine Scheiben magerer Schinken, von guter Qualität
3 Eier, verquirlt
240 ml Milch
50 g mittelalter Gouda oder Cheddar, gerieben
Pfeffer
2 Tomaten, in Scheiben geschnitten

1. Den Ofen auf 180 °C vorheizen. 8 große Muffinförmchen leicht fetten. Boden und Rand der Muffinförmchen mit je 1 Scheibe Schinken auslegen. Dabei den Schinken so falten, dass er die Form vollständig auskleidet.
2. Eier, Milch und Käse mischen, mit ein wenig Pfeffer würzen und die Mischung in die Muffinförmchen geben. Auf jede Füllung 1 Tomatenscheibe legen und die Muffins 15–20 Minuten backen. Dabei geht die Eifüllung in die Höhe und wird fest. Die Muffins leicht abkühlen lassen, dann auf ein Kuchengitter setzen und eventuell ganz abkühlen lassen. Warm oder kalt servieren.

FRÖHLICHE HÄHNCHENSPIESSE

Hähnchen enthält hochwertiges Eiweiß und wenig Fett – vorausgesetzt die Haut wurde entfernt. Kaufen Sie Fleisch von frei laufenden Bio-Hähnchen, um unerwünschte Zusätze zu vermeiden. Probieren Sie dazu die Satay-Sauce (siehe Seite 70) als Dip.

Für 16 Stück
4 Hähnchenbrustfilets, ohne Haut und Knochen (ca. 450 g)
2 EL natives Ölivenöl extra
Saft von ½ Zitrone
Salz und Pfeffer

1. 16 Holzspieße etwa 30 Minuten in Wasser einweichen, damit sie nicht verbrennen. Jedes Hähnchenbrustfilet längs in vier Streifen schneiden und jeden Streifen auf einen Spieß stecken.
2. Olivenöl, Zitronensaft, Salz und Pfeffer in einer kleinen Schüssel mischen und das Hähnchenfleisch damit bestreichen.
3. Eine Grillpfanne oder den Backofengrill auf mittlere Hitze erwärmen. Die Hähnchenspieße etwa 3 Minuten auf jeder Seite goldbraun braten und durchgaren. Vergewissern Sie sich, dass das Fleisch im Inneren nicht mehr rosafarben ist. Sonst eventuell etwas länger garen.

THUNFISCH-LAUCH-FRITTATA

Sie können die Frittata im Ganzen oder in Stücke geschnitten transportieren. Sie schmeckt nicht nur gut und stillt den Hunger, sondern liefert eine Menge Eiweiß und Energie für den Rest des Tages. Deshalb ist sie auch in der Brotbox für die Pause willkommen.

Für 4–6 Personen
1 EL natives Ölivenöl extra
1 kleines Stück Butter
1 große Stange Porree, fein geschnitten
200 g Thunfisch in Olivenöl oder Wasser, abgetropft
6 Eier, verquirlt
Salz und Pfeffer

1. Öl und Butter in einer mittelgroßen, feuerfesten Pfanne erhitzen. Den Porree darin in 5–7 Minuten weich dünsten. Den Thunfisch darunter rühren und gleichmäßig mit dem Porree mischen.
Aufgepasst: Es sollten einige größere Thunfischstücke erhalten bleiben.
2. Den Backofengrill auf mittlere Hitze erwärmen. Die Eier würzen und vorsichtig über den Thunfisch und den Porree gießen. Bei mittlerer Hitze etwa 5 Minuten garen, bis die Eier gerade fest sind und der Boden der Frittata goldbraun ist.
3. Die Pfanne unter den Grill stellen und die Frittata an der Oberfläche etwa 3 Minuten garen, bis sie oben ebenfalls fest und leicht braun ist. Die Frittata warm oder kalt, in Spalten oder Streifen geschnitten, servieren.

FALAFEL

Hülsenfrüchte haben viele Vorteile für die Gesundheit, sind aber selten auf dem Speiseplan von Kindern zu finden. Linsen, Erbsen und Co. liefern notwendige Mineralstoffe fürs Gehirn, vor allem Eisen, Magnesium, Mangan, Phosphor und Zink. Servieren Sie diese Falafel in Mini-Pittabrot mit Sesam und zusammen mit Humous und Salatblättern ihrer Wahl.

Ergibt 12 Falafel

400 g Kichererbsen (aus der Dose), abgespült und abgetropft
2 Knoblauchzehen, zerdrückt
2 Frühlingszwiebeln, fein geschnitten
1 TL gemahlener Kreuzkümmel
1 TL gemahlener Koriander
1 EL Sesamsaat
1 Ei, verquirlt
Mehl zum Bestäuben
Sonnenblumenöl zum Braten
Salz und Pfeffer
kleine Pittabrote mit Sesam, Humous aus roten Paprikaschoten (siehe Seite 58) und Salatblätter als Beilage

1. Kichererbsen, Knoblauch, Frühlingszwiebeln, Kreuzkümmel, Koriander und Sesamsaat in einer Küchenmaschine oder mit einem Pürierstab so lange zerkleinern, bis die Kichererbsen grob gehackt sind. Das Ei dazugeben und mixen, bis ein nicht zu feiner Brei entstanden ist. Die Mischung 1 Stunde in den Kühlschrank stellen, damit sie fest wird.

INFO BOX

Hülsenfrüchte enthalten wenig Fett, aber reichlich Eiweiß und Kohlenhydrate. Diese Nährstoffe arbeiten bei der Bildung der Neurotransmitter zusammen und die Hülsenfrüchte liefern für einen längeren Zeitraum Energie.

2. Mit leicht bemehlten Händen aus der Mischung 12 walnussgroße Bällchen formen, diese in Mehl wenden, bis sie leicht damit überzogen sind.

3. Etwa 1 Esslöffel Öl in einer großen, schweren Pfanne erhitzen und die Falafel portionsweise etwa 6 Minuten goldbraun braten. Wenn nötig, etwas mehr Öl dazugeben. Auf Küchenpapier abtropfen lassen.

4. Die Pittabrote wärmen und eine Seite aufschneiden. Innen mit Humous ausstreichen und 2 Falafel in jedes Pittabrot legen. Eventuell vorher teilen, damit sie leichter zu handhaben sind. Salatblätter nach Belieben dazufügen und das Ganze servieren.

MINI-BURGER

Burger, die wenig Fleisch, aber viel Fett und Zusätze enthalten, haben dieses Lieblingsgericht von Kindern in Verruf gebracht. Verwenden Sie jedoch die besten Zutaten, vorzugsweise aus Bio-Anbau, kann auch ein Burger eine gesunde Mahlzeit sein. Zusammen mit Sesam-Vollkornbrötchen servieren.

Ergibt 10 Burger
40 g frische Vollkornbrösel
1 TL getrockneter Oregano
1 Zwiebel, geraspelt
1 Karotte, fein geraspelt
1 Knoblauchzehe, zerdrückt
450 g mageres Rinderhackfleisch oder eine vegetarische Alternative
1 Ei, verquirlt
Salz und Pfeffer
Mehl zum Bestäuben
Sonnenblumenöl zum Braten
10 Mini-Brötchen zum Servieren
Tomatenscheiben und Salatblätter zum Servieren
Mayonnaise, Relish oder Tomatenketchup nach Belieben

1. Brotbrösel, Oregano, Zwiebel, Karotte, Knoblauch, Fleisch und Ei in eine große Schüssel geben. Würzen und mit den Händen mischen, bis alle Zutaten gut verbunden sind. Aus der Mischung mit bemehlten Händen 10 kleine Bällchen formen und 15 Minuten in den Kühlschrank stellen.
2. So viel Öl in eine große, schwere Pfanne geben, dass der Boden knapp bedeckt ist, und es erhitzen. Die Fleischbällchen portionsweise im Öl braten. Dazu hineinlegen, mit dem Pfannenwender flach drücken und auf beiden Seiten etwa 3 Minuten braun braten. Die Burger sollten richtig durchgegart sein.
3. Die Brötchen aufschneiden und die Fleischburger hineinlegen. Mit Tomatenscheiben, Salat und einer Sauce servieren.

PICKNICK-FOCCACIA

Es hat etwas Befriedigendes, den Brotteig selbst zu machen. Und Kinder machen gerne mit. Sie lieben es zu kneten und zu formen.

Für 6–8 Personen
250 g Vollkornmehl
250 g Weizenmehl Type 550 plus etwas Mehl zum Ausrollen
1 Tütchen Trockenhefe
1 ½ TL Salz
350 ml lauwarmes Wasser
200 g Mozzarella, in Scheiben geschnitten
1 Hand voll Basilikumblätter
8 Tomaten in Öl, grob geschnitten
1 TL Öl von den Tomaten oder natives Olivenöl extra
2 TL natives Olivenöl extra
grobes Meersalz zum Bestreuen (nach Belieben)

1. Beide Mehlsorten, die Hefe und das Salz in einer großen Schüssel mischen. In die Mitte eine Vertiefung drücken und das Wasser hineingießen. Zuerst das Wasser mit einem Holzlöffel unters Mehl rühren, dann die Hände nehmen. Das Ganze zu einem weichen, leicht klebrigen Teig verkneten. Nach Bedarf ein wenig mehr Wasser oder Mehl dazugeben, je nachdem ob der Teig zu trocken oder zu feucht ist.
2. Den Teig auf einer mit Mehl bestreuten Arbeitsfläche etwa 15 Minuten kneten. Dabei den Teig mit der Handfläche flach drücken, den Teig von oben einschlagen, drehen und das Ganze mehrfach wiederholen. Den Teig in eine saubere Schüssel legen, mit einem Küchentuch abdecken und an einem warmen Ort 45–60 Minuten zur doppelten Größe gehen lassen.
3. Den Teig halbieren. Jedes Stück so ausrollen, dass es auf ein Backblech (22 cm Durchmesser) passt. Einen Teigfladen auf das leicht mit Mehl ausgestreute Backblech legen. Käse, Basilikumblätter und Tomaten darauf legen.
4. Den zweiten Teigfladen darauf legen, die Ränder gut zusammendrücken und so die Füllung verschließen. Die Foccacia mit einem Küchentuch abdecken und nochmals 30 Minuten gehen lassen. Den Backofen auf 220 °C vorheizen.
5. Den Teig mit den Fingern etwas eindrücken, mit Olivenöl bestreichen, eventuell Meersalz darauf streuen. Foccacia 35 Minuten backen, sie sollte aufgegangen und goldbraun sein. Vom Blech nehmen und mit den Fingern auf die Unterseite der Foccacia klopfen. Wenn es hohl klingt, ist die Foccacia fertig. Auf einem Kuchengitter abkühlen lassen.

INFO BOX

Eiweiß, das der **Käse** liefert, und Kohlenhydrate aus dem **Mehl** arbeiten zusammen, um den Blutzucker stabil zu halten. So werden Konzentrationsschwächen vermieden.

KNUSPERSTANGEN

Kinder machen diese Stangen am liebsten selbst. Das Knuspergebäck ist ein gesunder, energiereicher Snack, den man einfach so knabbern, in Humous oder eine andere Sauce dippen kann. Die Stangen halten sich luftdicht verpackt einige Tage und lassen sich gut einfrieren.

Ergibt etwa 55 Stangen
4 EL Sonnenblumenkerne
3 EL natives Olivenöl extra
250 g Weizenmehl, Type 550 plus etwas Mehl zum Ausrollen
250 g Vollkornmehl
1 Tütchen Trockenhefe
1 ½ TL Salz
300 ml lauwarmes Wasser
1 Ei, verquirlt
1 EL Milch
Sesamsaat zum Bestreuen

1. Die Sonnenblumenkerne in einer trockenen Pfanne leicht rösten, in eine Küchenmaschine geben und zusammen mit 1 Esslöffel Olivenöl mixen. Es sollte eine nicht zu feine Paste entstehen. Diese beiseite stellen.
2. Beide Mehlsorten, Hefe und Salz in einer großen Schüssel mischen. Sonnenblumenkernpaste, Wasser und restliches Öl dazugeben. Zuerst mit einem Holzlöffel alles mischen, dann mit den Händen zu einem weichen, leicht klebrigen Teig verkneten. Etwas mehr Wasser oder mehr Mehl dazugeben, je nachdem ob der Teig zu trocken oder zu feucht ist.
3. Eine Arbeitsfläche mit Mehl bestreuen und den Teig etwa 10 Minuten kneten. Dabei mit den Handflächen flach drücken, das obere Ende einschlagen, den Teig drehen und das Ganze mehrmals wiederholen. Den Teig in eine saubere Schüssel geben, mit einem Küchentuch abdecken und an einem warmen, zugfreien Ort 10 Minuten gehen lassen.
4. Den Backofen auf 220 °C vorheizen. Den Teig sehr dünn zu einem Rechteck ausrollen. Horizontal halbieren und in 1 cm breite Streifen schneiden. Jeden Streifen mit beiden Händen rollen und die Stangen auf ein leicht mit Mehl bestreutes Backblech legen. Sie benötigen wahrscheinlich 3 Backbleche, da der Teig etwa 55 Stangen ergibt. Die Backbleche mit Küchentüchern abdecken und die Stangen 15 Minuten aufgehen lassen.
5. Ei und Milch mischen und jede Brotstange damit bestreichen. Mit Sesamsaat bestreuen und etwa 15 Minuten knusprig und goldbraun backen. Zum Abkühlen auf ein Kuchengitter legen.

INFO BOX

Calzium, Zink, Magnesium, Kalium, Vitamin E und Omega-6-Fettsäuren werden in nennenswerten Mengen in **Sonnenblumenkernen** gefunden. Die essentiellen Fettsäuren sind für eine gesunde Entwicklung des Gehirns wichtig. Sie müssen über die Nahrung zugeführt werden, da der Körper sie nicht selbst herstellen kann.

FRÜCHTEBROT

Brot, das Natron als Triebmittel enthält, ist ideal, wenn man das erste Mal zusammen mit Kindern Brot backt. Der Teig muss nicht lange geknetet werden und braucht – da er keine Hefe enthält – keine lange Gehzeit. Obwohl die Trockenfrüchte viel Zucker enthalten, liefern sie auch wertvolle Mineralstoffe, die die mentale Leistung verbessern können.

Für 6–8 Personen
225 g Weizenmehl, Type 550 plus extra Mehl zum Ausrollen
225 g Vollkornmehl
1 ½ TL Salz
1 TL Natron
1 gehäufter EL feiner Zucker
125 g getrocknete Pflaumen oder Datteln ohne Stein, grob gehackt
1 Ei, leicht verquirlt
300 ml Buttermilch
eventuell 2–3 EL Bio-Naturjoghurt oder Milch

1. Den Backofen auf 200 °C vorheizen. Beide Mehlsorten zusammen mit Salz und Natron in eine große Schüssel sieben. Die Kleie, die eventuell im Sieb verblieben ist, dazugeben. Zucker und Pflaumen oder Datteln dazugeben und alles gut mischen.
2. Eine Vertiefung in die Mitte drücken. Ei und Buttermilch in die Vertiefung geben. Die Zutaten zunächst mit einem Holzlöffel mischen, dann mit den Händen zu einem weichen, leicht klebrigen Teig verkneten. Ist der Teig zu trocken, etwas Joghurt oder Milch dazugeben.
3. Den Teig auf eine leicht mit Mehl bestreute Arbeitsfläche geben und so lange kneten, bis er ganz glatt ist. Daraus einen runden, etwa 4 cm dicken Fladen formen.
4. Den Fladen auf ein mit Mehl bestreutes Backblech legen und mit Mehl bestreuen. Den Teig über Kreuz einschneiden und 30–35 Minuten backen. Er sollte dabei aufgehen und goldbraun werden. Mit den Fingern auf den Boden des Brotes klopfen. Wenn es hohl klingt, ist es durchgebacken.

INFO BOX

Vollkornmehl ist reicher an B-Vitaminen, Ballaststoffen, Vitamin E, Selen und Magnesium als das helle Auszugsmehl. Ein Mangel an B-Vitaminen kann das Urteilsvermögen beeinflussen und Ängstlichkeit verstärken.

PARTYKERLE

Diese Käsekerle machen auf jeder Party, egal ob für Klein oder Groß, eine gute Figur. Am besten mit Frischkäse bestreichen und so den Eiweißgehalt erhöhen.

Ergibt 12 Figuren
120 g Mehl plus extra Mehl zum Ausrollen
120 g Vollkornmehl
2 TL Backpulver
1 große Prise Salz
50 g gekühlte Butter, in Würfel geschnitten
3 EL frisch geriebener Parmesan
1 Ei, verquirlt
100 ml Milch plus extra Milch zum Bestreichen

1. Den Backofen auf 220 °C vorheizen und 2 Backbleche leicht fetten. Beide Mehlsorten zusammen mit dem Backpulver in eine große Schüssel sieben. Das Salz darunter mischen.
2. Butter dazugeben und Mehl und Butter mit den Fingerspitzen zu großen Streuseln verreiben. Den Käse hineinrühren. Eine Vertiefung in die Mitte drücken, das Ei und die Milch hineingeben. Zuerst mit einem Holzlöffel alles mischen, dann mit den Händen zu einem weichen Teig verkneten.
3. Den Teig auf eine leicht mit Mehl bestreute Arbeitsfläche legen und vorsichtig flach drücken, bis ein 2,5 cm dicker Fladen entsteht. 12 Figuren mit einem entsprechenden Ausstecher (z. B. von Stutenkerlen) ausstechen. Die Plätzchen auf vorbereitete Backbleche legen, mit Milch bestreichen und etwa 15 Minuten goldbraun backen. Sie sollten dabei aufgehen. Die Partymänner oder –frauen auf ein Kuchengitter legen und abkühlen lassen.

INFO BOX

Karotten liefern schützende Antioxidantien in Form von Carotinoiden und Vitamin C. Übrigens werden diese Nährstoffe besser aus gekochten als aus rohen Karotten aufgenommen.

MEGASTARKER KAROTTENKUCHEN

Dieses Rezept ergibt einen dekorativen Geburtstagskuchen mit zwei Schichten. Für einen einfachen „Jeden-Tag-Kuchen" können die Zutatenmengen halbiert werden. Übrigens werden Ihre Kinder nicht erraten, dass dieser leichte, saftige Kuchen gesunde Karotten enthält.

Für 20 Stück
Butter zum Fetten
450 g Mehl
1 Tütchen Backpulver
2 Prisen Salz
2 TL gemahlener Zimt
1 Prise gemahlene Muskatnuss
450 g Rohrohrzucker
450 g Karotten, geraspelt
6 Eier, verquirlt
350 ml Sonnenblumenöl

Für die Glasur:
160 g Frischkäse
75 g Butter
1 TL gemahlene Vanille
80 g Puderzucker

Zum Garnieren:
Fruchtgummis aus Fruchtsaft,
Schokoladenperlen
Kerzen

1. Den Backofen auf 180 °C vorheizen. Zwei quadratische Backformen (20 x 20 cm) mit Butter fetten und den Boden mit Backpapier auslegen.
2. Mehl, Backpulver, Salz und Gewürze in eine große Schüssel sieben. Zucker und Karotten dazugeben und alles gut mischen.
3. Eier und Öl mischen, dann in die Schüssel geben und mit einem Holzlöffel alles verrühren.
4. Die Mischung in die vorbereiteten Backbleche geben, mit dem Löffelrücken glatt streichen und etwa 50 Minuten backen. Sticht man mit einem Holzspieß in die Mitte des Teiges, sollte beim Herausziehen kein flüssiger Teig mehr daran kleben. Den Teig etwa 10 Minuten ruhen lassen, dann vorsichtig aus den Formen nehmen und auf einem Kuchengitter abkühlen lassen.
5. Für die Glasur Frischkäse, Butter und Vanille zu einer glatten Creme verquirlen. Den Puderzucker hineinrühren. Die Glasur 15 Minuten in den Kühlschrank stellen, damit sie etwas fest wird.
6. Die Teigschichten an der Oberfläche mit einem Messer gerade schneiden. Eine Teigschicht mit Glasur bestreichen. Die zweite Teigschicht darauf legen und mit der restlichen Glasur bestreichen. Es macht nichts, wenn die Glasur an den Seiten herunterläuft. Mit Fruchtgummis und Schokoladenperlen garnieren. Wenn es besonders festlich sein soll, Kerzen auf den Kuchen stecken.

VARIATION
Tauschen Sie die Karotten gegen 6 zerdrückte reife Bananen aus. Man sagt, die Kombination aus Bananen und Muskatnuss sorgt für einen ruhigen Schlaf.

NUSSIGER KRAUTSALAT

Hier eine selbst gemachte Variante des Coleslaw, des Krautsalats, der für die angelsächsische Küche typisch ist. Dieser hier schmeckt leicht und erfrischend. Damit möglichst viele Nährstoffe erhalten bleiben und der Geschmack hervorragend ist, sollte der Krautsalat erst kurz vor dem Servieren zubereitet werden.

INFO BOX

Walnüsse und Olivenöl enthalten essentielle Fettsäuren. Sie werden für ein effizient arbeitendes Nervensystem und gesunde Gehirnzellen gebraucht.

Kohl und Karotten sind reich an Antioxidantien und helfen, das Gehirn vor schädigenden Toxinen zu schützen.

Kürbiskerne enthalten sowohl Omega-3- als auch Omega-6-Fettsäuren.

Für 6 Personen

120 g Weißkohl, fein geraspelt
2 Karotten, geraspelt
2 Frühlingszwiebeln, diagonal in feine Streifen geschnitten
1 EL gehackte Walnüsse (oder andere Nüsse nach Belieben)
2 EL Kürbis- oder Sonnenblumenkerne
1 Apfel, entkernt und gewürfelt

Für das Dressing:

2 EL natives Olivenöl extra
1 EL frisch gepresster Zitronensaft plus etwas Saft zum Bestreichen
4 EL Mayonnaise

1. Kohl, Karotten und Frühlingszwiebeln in einer Salatschüssel mischen. Nüsse und Kerne in einer trockenen Pfanne etwa 2 Minuten leicht rösten. Abkühlen lassen, dann in den Salat rühren.
2. Die Zutaten für das Dressing verrühren und über den Salat gießen. Alles gut mischen. Den Apfel in etwas Zitronensaft wenden, damit er nicht braun wird. Die Apfelwürfel kurz vor dem Servieren über den Salat streuen.

INFO BOX

Couscous ist ein kohlenhydratreiches Lebensmittel und hat eine beruhigende Wirkung auf das Gehirn. Ähnliches gilt für Basilikum, die Grundlage des Pesto. Es ist als beruhigendes, stimmungserheiterndes Kraut bekannt.

Der zypriotische Käse **Halloumi** jedoch regt den Geist an und belebt ihn.

BERUHIGENDER COUSCOUS

Dieser Couscous ist einfach und schnell gemacht und zum Mitnehmen ideal. Er weicht nicht durch und verliert kein Aroma, auch wenn er mehrere Stunden steht.

Für 4 Personen

125 g Instant-Couscous
2–3 EL Pesto oder Pesto rosso
2 TL natives Ölivenöl extra
10 Kirschtomaten, halbiert
60 g Halloumi (Käse aus Zypern), gewürfelt

1. Den Backofengrill auf mittlere Hitze erwärmen und ein Backblech mit Alufolie belegen. Den Couscous in eine Schüssel geben, so viel kochendes Wasser dazugeben, dass der Grieß 5 mm hoch mit Wasser bedeckt ist. Umrühren und beiseite stellen, bis der Couscous das Wasser aufgenommen hat. Mit einer Gabel auflockern und den Couscous probieren. Ist er noch zu körnig, ein wenig kochendes Wasser dazugeben

2. Inzwischen die Halloumiwürfel auf das Backblech legen und ein paar Minuten grillen, dabei gelegentlich wenden. Der Käse sollte auf allen Seiten goldbraun sein.
3. Pesto und Öl in den Couscous rühren und alles gut mischen. Tomaten und gegrillten Käse darunter mischen und servieren.

KARAMEL-SESAM-POPCORN

Popcorn zu machen ist unglaublich einfach. Schon deshalb ist Popcorn auf jeder Party ein Muss. Diese Variante hat nicht so viel Zucker wie gekauftes Popcorn.

Für 6–8 Personen
Sonnenblumenöl
100 g Popcorn-Mais
25 g Butter
3 EL Ahornsirup
2 EL Sesamsaat

1. Etwa 1 Esslöffel Öl in einen mittelgroßen Kochtopf mit dickem Boden geben, sodass der Boden bedeckt ist. Wenn das Öl heiß ist, die Maiskörner dazugeben, mit einem Löffel ausbreiten, damit sie nebeneinander liegen und den Topf zudecken. Die Körner bei mittlerer Hitze „braten", dabei den Topf häufig schütteln, bis die Körner zu „poppen" beginnen. Den Deckel erst heben, wenn kein Knallen mehr zu hören ist. Das Popcorn in eine große Schüssel geben.
2. Butter in einen Topf geben und schmelzen lassen. Ahornsirup dazugeben und erhitzen. Die Hitze reduzieren und die Mischung kurz köcheln und eindicken lassen. Leicht abkühlen lassen, dann die Mischung über das Popcorn gießen und die Sesamsaat zufügen. Alles gut mischen und das Popcorn mit der Sesam-Mischung überziehen. Vor dem Servieren abkühlen lassen.

INFO BOX

Mais ist ein kohlenhydratreiches Lebensmittel und als solches ideal für Gehirn und Nervensystem.

WOHLFÜHLBROWNIES

Schokolade erhöht den Serotonin- und Endorphinspiegel im Gehirn. Sie hat eine anregende Wirkung und macht glücklich. Allerdings sollte sie in moderaten Mengen gegessen werden, da Schokolade reichlich Fett enthält.

Ergibt 16 Brownies
200 g Butter plus extra Butter zum Fetten
200 g gute Schokolade mit mind. 55 % Kakaoanteil
100 g Haselnüsse, grob gehackt
3 Eier, verquirlt
220 g brauner Zucker
175 g Mehl
1 TL Backpulver
60 g Datteln, gehackt

1. Den Backofen auf 180 °C vorheizen. Ein Backblech (30 x 20 cm) fetten und mit Backpapier auslegen.
2. Schokolade zerbrechen und zusammen mit der Butter in eine feuerfeste Schüssel geben. Die Schüssel in ein Wasserbad stellen und Butter und Schokolade schmelzen. Dabei ein- oder zweimal umrühren. Beiseite stellen und leicht abkühlen lassen.
3. Inzwischen die Haselnüsse in einer trockenen Pfanne leicht rösten, bis sie zu bräunen beginnen. Beiseite stellen und abkühlen lassen.
4. Eier und Zucker in einer großen Schüssel cremig aufschlagen. Die Creme sollte hellgelb sein. Dann die Schokoladen-Butter-Mischung einrühren.
5. Die Hälfte des Mehls zusammen mit dem Backpulver in die Schokoladenmischung sieben und mit einem Holzlöffel darunter heben. Das restliche Mehl darüber sieben und ebenfalls darunter heben. Datteln und Haselnüsse vorsichtig hineinrühren, sodass sie gleichmäßig verteilt sind.
6. Die Mischung in die vorbereitete Form gießen und etwa 25 Minuten backen. Der Teig sollte aufgegangen, aber in der Mitte noch etwas weich sein. 15 Minuten abkühlen lassen, dann aus der Form nehmen und in 16 Würfel schneiden.

INFO BOX

Diese Brownies haben durch **Haselnüsse und Datteln** in Sachen Gesundheit die Nase vorn. Haselnüsse enthalten Nährstoffe wie Bor, B-Vitaminen, Eisen, Magnesium, Selen, Zink und essentielle Omega-6-Fettsäuren, die das Gehirn stimulieren. Viele dieser Nährstoffe stecken auch in Datteln, vor allem Eisen, Magnesium, Bor und B-Vitamine. Sie sind für eine gesunde Hirnfunktion wichtig.

FRUCHTEIS AM STIEL

Dieses Eis hier enthält weniger Zucker als die handelsüblichen Sorten und ist gewiss frei von künstlichen Farbstoffen und anderen Zusatzstoffen. Es wird aus frischem Fruchtpüree und Pudding gemacht. Probieren Sie deshalb auch andere Fruchtsorten aus.

Ergibt 6 Stieleis
6 Pflaumen, halbiert und entkernt
3 Nektarinen, entkernt und grob gehackt
1–2 EL brauner Zucker
150 g Vanillepudding

1. Pflaumen und Nektarinen in einen mittelgroßen Topf geben. Zucker und 2 Esslöffel Wasser dazugeben. Alles zum Kochen bringen, die Hitze reduzieren und die Früchte etwa 5 Minuten köcheln lassen, bis sie weich sind. Die Süße testen und eventuell noch etwas Zucker dazugeben. Abkühlen lassen und glatt pürieren. Es werden etwa 250 ml Fruchtpürree benötigt.
2. Fruchtpüree und Vanillepudding mischen und die Mischung in 6 Stieleisformen geben. Gefrieren lassen, bis das Eis fest ist.

VARIATION
Orange und Mango ergeben ebenfalls ein erfrischendes Eis. Die Früchte entsaften, es werden etwa 400 ml Saft für 6 Stieleis gebraucht. Eine Orange quer in Scheiben schneiden. Je 1 Scheibe in eine Form geben und dann mit Fruchtsaft auffüllen. Gefrieren lassen, bis Frucht und Saft fest geworden sind.

INFO BOX

Eiskrem mit Milchprodukten enthält Calcium, welches für eine gesunde Nervenfunktion benötigt wird. Es arbeitet Hand in Hand mit Magnesium, verringert Reizbarkeit und wirkt Schlaflosigkeit entgegen.

Erdbeeren und Orangen sind reich an dem wirkungsvollen Antioxidans Vitamin C. Es gleicht auch den anregenden Effekt der Botenstoffe etwas aus.

KNUSPRIG-FRUCHTIGER EISBECHER

Mit einem Eisbecher kann man bei Kindern nichts falsch machen. Dieser hier schmeckt nicht nur, sondern ist auch gesund.

Für 4 Personen
250 g Erdbeeren, halbiert
2 EL frisch gepresster Orangensaft
1 EL brauner Zucker
1 EL Mandelblättchen oder gehackte Nüsse
8 Kugeln gutes Vanilleeis
Schokoladenraspeln zum Garnieren

1. Erdbeeren und Orangensaft in einer Küchenmaschine oder einem Mixer glatt pürieren. Die Mischung durch ein Sieb in einen Topf geben. Zucker hineinrühren. Das Ganze bei mittlerer Hitze etwa 5 Minuten köcheln, bis die Sauce eindickt. Wenn nötig noch Zucker dazugeben. Abkühlen lassen.
2. Die Mandeln oder Nüsse in einer trockenen Pfanne leicht rösten. Beiseite stellen und abkühlen lassen.
3. Zum Servieren, ein paar Löffel Sauce in ein hohes Glas geben. Eiskugel darauf geben und ein Löffel Sauce darüber geben. Eine zweite Eiskugel darauf setzen. Die Nüsse darüber streuen und ein paar Schokoladenraspeln darauf geben.

SÜSSE **KLEINIGKEITEN**

Alle Kinder lieben Süßigkeiten und Desserts. Doch es ist wichtig, dass sie die richtigen bekommen und nicht die üblicherweise erhältlichen mit vielen unerwünschten Zusätzen. In diesem Kapitel finden Sie eine Auswahl von Desserts, die reich an Nährstoffen sind und Ihren Kindern garantiert gefallen.

PANCAKES MIT GEBACKENEN BANANEN

In vielen Ländern gibt es kleine Pfannkuchen – Pancakes – zum Frühstück. Diese hier sind sehr nahrhaft, liefern Energie für den Tag und verwöhnen kleine Schleckermäuler. Pfannkuchen aus Vollkornmehl sind etwas kompakter als jene aus hellem Mehl. Wenn Sie einen lockereren Teig bevorzugen, mischen Sie Vollkornmehl und Auszugsmehl je zur Hälfte.

Für 4 Personen
2 Bananen, geschält
2 EL Ahornsirup

Für die Pancakes:
150 g Vollkornmehl
1 Prise Salz
2 EL feine Haferflocken
2 EL brauner Zucker
1 TL Backpulver
1 Ei, verquirlt
300 ml Buttermilch
150 ml Milch
25 g Butter, geschmolzen
Sonnenblumenöl zum Braten

INFO BOX

Bananen geben Energie und sind eine gute Quelle für den Mineralstoff Kalium. Er spielt eine Schlüsselrolle in der Funktion der Nervenzelle.

INFO BOX

Kinder reagieren auf Schwankungen des Blutzuckerspiegels empfindlich. Dieser fällt nachts natürlicherweise ab. **Vollkornprodukte** geben die energiereichen Nährstoffe langsam ab und sorgen so dafür, dass der Blutzuckerspiegel stabil bleibt.

1. Für die gebackenen Bananen den Backofen auf 180 °C vorheizen. Die Bananen auf ein Backblech legen und etwa 20 Minuten backen. Leicht abkühlen lassen, dann in Scheiben schneiden.
2. Inzwischen die Pancakes zubereiten. Mehl, Salz, Haferflocken, Zucker und Backpulver mischen.
3. Eier, Buttermilch, Milch und Butter mit dem Schneebesen verquirlen und unter die Mehlmischung schlagen. Den dicken Teig sehr gut schlagen, damit keine Klümpchen entstehen.
4. Etwas Öl in einer großen, schweren Pfanne erhitzen. Für jeden Pfannkuchen 2 Esslöffel Teig in das heiße Öl geben – wahrscheinlich können Sie 3 Pancakes gleichzeitig backen. Die Pfannküchlein etwa 3 Minuten backen, bis sie unten goldbraun sind, wenden und auf der zweiten Seite etwa 2 Minuten backen. Pancakes auf einen Teller legen, mit Alufolie bedeckt warm halten während die restlichen Pancakes gebacken werden.
5. Pancakes auf 4 Tellern verteilen, die in Scheiben geschnittenen Bananen darüber verteilen und alles mit Ahornsirup beträufeln.

FRUCHTSORBET

Dieses erfrischende Eis wird aus Mangos und Orangen gemacht, die beide reich an Antioxidantien sind. Das Sorbet ist einfach zuzubereiten und eine leckere Möglichkeit, etwas mehr Obst zu essen.

Für 6–8 Personen
120 g feiner Zucker
300 ml Wasser
2 große Mangos, geschält, entsteint und grob gehackt
Saft von 3 Orangen
1 Eiweiß

1. Zucker und Wasser in einen Kochtopf geben und so lange rühren, bis sich der Zucker aufgelöst hat. Bei mittlerer Hitze zum Kochen bringen, die Hitze reduzieren und den Sirup etwa 5 Minuten köcheln. Anschließend abkühlen lassen.
2. Mangofruchtfleisch, Orangensaft und Zuckersirup in einer Küchenmaschine oder einem Mixer pürieren.
3. Das Püree in einen gefriergeeigneten Behälter geben und etwa 2 Stunden gefrieren lassen. Wenn es halbfest ist, das Püree aus dem Tiefkühlgerät nehmen, die Eiskristalle mit einem Schneebesen zerbrechen und alles durchrühren.
4. Eiweiß sehr steif schlagen und unter die halbgefrorene Mischung heben. Das Ganze wieder in das Tiefkühlgerät stellen und ganz gefrieren lassen.
5. Das Sorbet etwa 30 Minuten vor dem Servieren in den Kühlschrank stellen.

INFO BOX

B-Vitamine, die man in **Brot, Sahne oder Eiern** findet, sind wichtig, damit die Energie, die in Lebensmitteln steckt, verwertet werden kann. Diese braucht das Gehirn, um erfolgreich und effizient zu arbeiten. Beachten Sie: Die Eier im Eis sind roh!

VOLLKORNEIS

Vollkornbrot und Eiskrem scheinen auf den ersten Blick nicht zusammenzupassen. Aber die Kombination schmeckt wunderbar und liefert eine Menge Energie für das Gehirn.

Für 6–8 Personen
130 g Vollkornbrotbrösel
120 g Rohrohrzucker
400 g Schlagsahne
2 Eier, getrennt
2 EL Ahornsirup

1. Den Backofen auf 160 °C vorheizen. Brotbrösel und Zucker in einer Schüssel mischen, dann auf einem Backblech ausbreiten. Die Mischung so lange rösten, bis die Krümel dunkelbraun sind, der Zucker sich aufgelöst hat und das Ganze fast karamellisiert ist. Dabei gelegentlich wenden. (Darauf achten, dass die Brösel nicht verbrennen!) Anschließend die Bröselmischung beiseite stellen.
2. Die Sahne in einer Schüssel steif schlagen. Das Eiweiß in einer weiteren Schüssel ebenfalls steif schlagen. Eigelb und Ahornsirup zu einer Creme aufschlagen.
3. Die abgekühlten Brotbrösel und die Eigelbcreme unter die Sahne heben. Dann das Eiweiß darunter heben. Die Mischung in einen gefriergeeigneten Behälter geben und ein paar Stunden gefrieren lassen. Vor dem Servieren etwa 20 Minuten in den Kühlschrank stellen, damit das Eis ein wenig weicher wird.

BANANENEIS

Die einfachsten Desserts sind oft die besten. Dieses hier könnte gar nicht einfacher sein. Und selbstverständlich ist es auch gesund!

Für 4 Personen
4 Bananen, geschält
Joghurt, Ahornsirup und Nüsse (nach Belieben)

1. Die Bananen in Frischhaltefolie wickeln, ins Tiefkühlgerät legen und gefrieren lassen. Wenn die Früchte ganz fest gefroren sind, die Folie entfernen und die Bananen in einer Küchenmaschine grob hacken. Das Bananeneis schmeckt entweder pur oder einen Löffel Joghurt darauf geben, mit Ahornsiurp beträufeln und geröstete Nüsse darüber streuen.

ERDBEER-VANILLE-JOGHURTEIS

Wenn man Joghurt statt Sahne nimmt, wird das Eis zwar fettärmer und ein wenig säuerlicher, aber es schmeckt nicht weniger köstlich. Naturjoghurt ist besonders gut für das Verdauungssystem und das wiederum ist für eine erfolgreiche Nährstoffaufnahme wichtig.

Für 6–8 Personen
450 g Erdbeeren
450 g griechischer Bio-Naturjoghurt
4 EL Puderzucker
1 TL gemahlene Vanille

1. Erdbeeren in einer Küchenmaschine oder einem Mixer pürieren. Joghurt, Puderzucker und Vanille darunter mixen. Die Mischung in einen gefriergeeigneten Behälter geben. (Die cremige Erdbeermischung schmeckt auch ungefroren köstlich.)
2. Die Creme etwa 2 Stunden gefrieren lassen, dann aus dem Tiefkühlgerät nehmen, mit einem Schneebesen durchrühren und dabei alle Eiskristalle zerbrechen. Die Creme wieder in das Tiefkühlgerät stellen und weitere 2 Stunden gefrieren lassen. Erneut herausnehmen, durchrühren und die Eiskristalle zerkleinern. Anschließend gefrieren lassen, bis ein festes Eis entstanden ist.
3. Das Eis vor dem Servieren etwa 30 Minuten in den Kühlschrank stellen, damit es ein wenig weicher wird.

ENERGY-MUFFINS

Das Geheimnis guter Muffins liegt darin, die Teigzutaten nicht zu gründlich zu mischen. Kleine Klümpchen sind sogar erlaubt! Deshalb ist dieser Teig für Kinder wunderbar. Die Muffins sind ein energiereicher Snack und erhöhen einen niedrigen Blutzuckerspiegel.

Ergibt 12 Stück
100 g Butter, geschmolzen, plus extra Butter zum Fetten
250 g Mehl
50 g Vollkornmehl
175 g feiner Zucker
1 TL Backpulver
½ TL Salz
280 ml Buttermilch
2 Eier, verquirlt
150 g Heidelbeeren

1. Den Backofen auf 200 °C vorheizen. Ein Muffinblech mit 12 Mulden fetten oder mit Papierförmchen auslegen.
2. Beide Mehlsorten, Zucker, Backpulver und Salz in einer Schüssel mischen.
3. Buttermilch, Eier und geschmolzene Butter in einer weiteren Schüssel verschlagen. Die Mischung zu den trockenen Zutaten geben und alles durchrühren. Es muss kein glatter Teig entstehen. Heidelbeeren darunter heben.
4. Die Mischung in die Muffinförmchen geben und die Muffins etwa 25 Minuten goldbraun backen.

INFO BOX

Heidelbeeren sind reich an wirkungsvollen Antioxidantien, den so genannten Anthocyanen. Forschungen zeigen, dass diese freie Radikale sowohl in wasser- als auch in fettreichem Körpergewebe, wie dem Gehirn, abfangen. Das ist ungewöhnlich, da viele andere Antioxidantien entweder im fettreichen oder im wässrigen Teil ihre Wirkung entfalten.

ÄPFEL UND PFLAUMEN UNTER KNUSPRIGER HAUBE

Ein Fruchtcrumble mit einer besonderen Knusperdecke, denn sie wird aus Nüssen und Haferflocken gemacht. Die Früchte darunter können variieren – je nach Saison sind Rhabarber, Nektarinen, Beeren oder Pfirsiche köstlich. Nehmen Sie eine süßere Apfelsorte, dann brauchen Sie keinen Zucker zum Süßen.

Für 4–6 Personen
3 Äpfel, ohne Kerngehäuse, geschält und gewürfelt
1 Spritzer Zitronensaft
5 Pflaumen, halbiert, entkernt und gewürfelt

Für die Knusperdecke:
4 EL Zuckerrübensirup
75 g Butter
150 g feine Haferflocken
2 EL gehackte Haselnüsse
2 EL Sonnenblumenkerne

1. Den Backofen auf 180 °C vorheizen. Die Äpfel in Zitronensaft wenden, damit sie nicht braun werden und zusammen mit den Pflaumen in eine Auflaufform (23 cm Durchmesser) geben. Äpfel und Pflaumen mischen.

INFO BOX

Äpfel sind eine gute Bor-Quelle. Der Mineralstoff ist für die Konzentrationsfähigkeit wichtig.

2. Für die Knusperdecke Sirup und Butter in einem mittelgroßen Kochtopf mit dickem Boden bei mittlerer Hitze schmelzen. Vom Herd nehmen und Haferflocken, Nüsse und Sonnenblumenkerne darunter rühren. Die Mischung über die Früchte streuen. Das Ganze 20–25 Minuten goldbraun backen.

DOPPELDECKERHAPPEN MIT DATTELN

Diese saftigen Quadrate, die ähnlich wie Müsliriegel sind, enthalten viele Vitamine, Mineralstoffe und essentielle Fettsäuren.

Ergibt 16 Stück
125 g Butter, in Würfel geschnitten, plus extra Butter zum Fetten
200 g getrocknete Datteln, entsteint, gehackt
225 ml Wasser
125 g feine Haferflocken
120 g Rohrohrzucker
120 g Vollkornmehl
1 TL Backpulver
2 EL Sonnenblumenkerne
40 g gemischte Nüsse, gehackt

1. Den Backofen auf 180 °C vorheizen. Eine Backform (28 x 18 cm) fetten oder mit Backpapier auslegen.
2. Datteln und Wasser in einem Kochtopf aufkochen. Die Hitze reduzieren, den Topf halb zudecken und die Datteln etwa 20 Minuten weich köcheln. Sie sollten musig werden und das meiste Wasser aufnehmen. Datteln in einem Mixer pürieren, anschließend zum Abkühlen beiseite stellen.
3. Inzwischen Haferflocken, Zucker, Mehl, Backpulver, Sonnenblumenkerne und Nüsse in einer großen Schüssel mischen. Die Butter dazugeben und alles mit den Fingerspitzen zu Streuseln verkrümeln.
4. Etwa 3/4 der Streusel in die Backform geben und mit den Fingern zu einem Teigboden zusammendrücken. Das Dattelmus darauf geben, die restliche Streuselmischung darüber streuen und leicht andrücken.
5. Das Ganze etwa 25 Minuten hellbraun backen. Anschließend in der Backform etwa 15 Minuten abkühlen lassen. In 16 Quadrate schneiden und diese aus der Form nehmen.

INFO BOX

Das Gehirn muss kontinuierlich mit Glucose versorgt werden. Komplexe Kohlenhydrate, wie in **Vollkornmehl und Sonnenblumenkernen**, sind eine wichtige Energiequelle für das Gehirn. Außerdem liefern sie viele weitere Nährstoffe.

MINI-FRUCHTCRUMBLES

Diese Crumbles in Portionsgröße sind ideal, wenn Sie nur für Ihre Kinder kochen. Die Knusperdecke besteht aus einer nährstoffreichen Kombination aus Nektarinen, Haferflocken und Sonnenblumenkernen. Nehmen Sie keine überreifen Früchte, sie zerfallen während des Garens.

Für 4 Personen
50 g Butter plus extra Butter zum Fetten
4 Nektarinen, halbiert und entkernt
100 g Vollkornmehl
2 EL feine Haferflocken
1 EL Sonnenblumenkerne
4 EL Rohrohrzucker

1. Den Backofen auf 180 °C vorheizen. Eine Auflaufform fetten. Die Nektarinen hineinlegen. Ein bisschen Wasser dazugeben, um ein Austrocknen der Früchte zu verhindern.
2. Butter und Mehl mit den Fingerspitzen zu groben Streuseln zerkrümeln. Haferflocken, Sonnenblumenkerne und Zucker darunter mischen.
3. Die Streuselmischung über die Nektarinenhälften streuen. Die Nektarinen 20 Minuten backen, die Streusel sollten goldbraun und leicht knusprig werden.

SCHMEICHEL-COOKIES

Diese Kekse im amerikanischen Stil enthalten nährstoffreiche Haferflocken. Sie liefern Energie, helfen, den Blutzuckerspiegel stabil zu halten und Gefühlsschwankungen auszugleichen. Was wollen Sie mehr?

Ergibt 10 Stück
125 Butter
75 g Rohrohzucker
75 g Mehl
25 g Vollkornmehl
1 TL Backpulver
100 g Vollkornhaferflocken

1. Den Backofen auf 180 °C vorheizen. Zwei Backbleche mit Backpapier auslegen.
2. Butter und Zucker in einer Schüssel cremig schlagen. Beide Mehlsorten, das Backpulver und die Haferflocken gut mischen und sorgfältig unter die Buttercreme rühren.
3. Den Teig in 10 Portionen teilen. Jede Portion zu einer kleinen Kugel rollen und auf das Backblech legen. Dabei genügend Zwischenraum lassen, die Kekse werden beim Backen breiter. Die Teigkugeln leicht flach drücken und 15–20 Minuten hell- bis goldbraun backen. Die Kekse sollten noch etwas weich in der Mitte sein.
4. Die Kekse etwa 5 Minuten auf dem Blech abkühlen lassen, dann auf einem Kuchengitter vollständig auskühlen lassen.

KEKSE MIT ERDBEEREN UND HASELNUSS

Diese Kekse zergehen kleinen und „großen" Kindern auf der Zunge. Für ein traumhaftes Dessert werden sie mit Vanillecreme und saftigen Erdbeeren belegt. Kekse, die übrig bleiben, in einem luftdicht schließenden Behälter aufbewahren.

Für 6 Personen
100 g Mehl
55 g Vollkornmehl
40 g Hafer, fein gemahlen
1 TL Backpulver
1 Prise Salz
125 g Butter
4 EL feiner brauner Zucker
50 g Haselnüsse, fein gehackt
1 EL Milch

Zum Servieren:
125 g Crème double oder Schlagsahne
1 TL Puderzucker
1 TL gemahlene Vanille
Erdbeeren, große Beeren halbiert, zum Garnieren

1. Den Backofen auf 180 °C vorheizen. Zwei Backbleche mit Backpapier auslegen.
2. Beide Mehlsorten, Hafermehl, Backpulver und Salz mischen. Die Butter dazugeben und alles mit den Fingerspitzen zu kleinen Streuseln zerkrümeln. Den Zucker und die Haselnüsse darunter rühren. Die Milch darunter mischen, um einen weichen Teig zu erhalten.
3. Den Teig vorsichtig kneten, zu einer Kugel formen und auf einer leicht mit Mehl bestreuten Arbeitsfläche ausrollen. Mit einem Ausstecher (5 cm Durchmesser) 12 Kekse ausstechen und sie auf das Backblech legen. Dabei genügend Zwischenraum lassen, die Kekse werden beim Backen breiter.
4. Die Kekse etwa 15 Minuten goldbraun backen. Sie sollten in der Mitte noch weich sein. 5 Minuten auf dem Backblech abkühlen lassen, dann auf ein Kuchengitter legen.
5. Kurz vor dem Servieren die Crème double oder Sahne zusammen mit dem Puderzucker und der Vanille steif schlagen. Je zwei Kekse auf einen Teller legen, Crème double oder Sahne und ein paar Erdbeeren darauf geben.

INFO BOX

Eiweißreiche Lebensmittel wie **Milchprodukte** sind für die Bildung der Botenstoffe im Gehirn wichtig.

LUSTIGER BEERENNACHTISCH

Beeren sind reich an Antioxidantien und Vitamin C, die das Gehirn schützen. Dieses warme Dessert wird aus verschiedenen Beeren gemacht und mit Keksen bestreut. Es zergeht auf der Zunge!

Für 4 Personen
250 g gemischte Beeren, wie Himbeeren, Brombeeren, Heidelbeeren, Erdbeeren (frisch oder aufgetaute TK-Beeren)
8 Pflaumen, halbiert, entsteint und in Stücke geschnitten
1 TL Stärke
3 EL feiner brauner Zucker

Für den Teig:
125 g Butter
2 EL feiner brauner Zucker
200 g Mehl
2 TL Backpulver
2 TL Stärke
1–2 EL Schlagsahne
Rohrohrzucker zum Bestreuen (nach Belieben)

1. Den Backofen auf 180 °C vorheizen. Die Früchte und die Pflaumen in eine Auflaufform (20 x 25 cm) geben. Die Stärke mit ein wenig Wasser verrühren und zusammen mit dem Zucker unter die Früchte rühren.
2. Für den Belag Butter und Zucker zu einer hellen, lockeren Creme aufschlagen. Mehl, Backpulver und Stärke darunter mischen und alles glatt rühren. Sobald der Teig zu trocken wird, die Sahne darunter rühren.

INFO BOX

Dieser Nachtisch enthält eine wertvolle Dosis an Antioxidantien, darunter auch die wirkungsvollen Anthocyane, die vor allem in **Beeren** gefunden werden. Antioxidantien sind wichtig, um das Gehirn vor unerwünschten Giftstoffen und freien Radikalen zu schützen.

3. Den Teig in 8 Portionen teilen, diese zu Kugeln formen, ein wenig flach drücken und auf der Beerenmischung verteilen. Ein wenig Rohrohrzucker darüber streuen. Das Dessert 20–25 Minuten goldbraun backen.

INGWERKUCHEN

Dieser lebkuchenähnliche Kuchen wird, je länger er aufbewahrt wird, umso weicher und deshalb immer besser. Melasse ist in der Backstube etwas in Vergessenheit geraten, doch sie enthält viele vorteilhaften Mineralstoffe.

Ergibt 20 Stück
150 g Butter plus extra Butter zum Fetten
350 g Mehl
120 g Vollkornmehl
1 Tütchen Backpulver
3 TL gemahlener Ingwer
1 TL Natron
60 g getrocknete Datteln, entsteint, gehackt
275 ml Milch
1 Ei, verquirlt
225 g Rohrohrzucker
125 g Melasse
175 g Zuckerrübensirup

1. Den Backofen auf 180 °C vorheizen. Eine quadratische Backform (20 x 20 cm) fetten und mit Backpapier auslegen.
2. Beide Mehlsorten und das Backpulver in eine große Schüssel sieben. Ausgesiebte Kleie ebenfalls dazugeben. Ingwer, Natron und Datteln darunter rühren. Milch und Eier verquirlen und beiseite stellen.
3. Zucker, Melasse, Sirup und Butter in einen Kochtopf geben und bei mittlerer Hitze schmelzen lassen. Dabei ständig rühren. Die Zuckermischung zusammen mit der Eiermilch zu den trockenen Zutaten geben. Alles zu einem glatten Teig verrühren.
4. Den Teig in die Backform geben. Die Oberfläche glatt streichen und den Teig 55–60 Minuten backen. Wird der Kuchen mit einem Holzspieß angestochen, sollte kein flüssiger Teig daran kleben. Den Kuchen etwa 10 Minuten in der Form abkühlen lassen, dann herausnehmen und auf einem Kuchengitter vollständig auskühlen lassen.

INFO BOX

Melasse enthält Kalzium, Eisen, alle B-Vitamine, Magnesium und Mangan: ein Supernahrungsmittel fürs Gehirn. Diesen dicken, dunklen Sirup findet man in Reformhäusern oder in einigen Supermärkten.

NUSSIGER APFELCRUNCH

Hier eine vollkörnige, ganz schnelle Crumble-Version. Das Apfelpüree mit den Haselnussstreuseln schmeckt heiß oder kalt köstlich.

Für 4 Personen
2 Scheiben Vollkornbrot, ohne Rinde
25 g Butter
40 g Haselnüsse, gehackt und geröstet
3 EL Rohrohrzucker
1 TL gemahlener Zimt

Für das Püree:
8 Äpfel, ohne Kerngehäuse, geschält und grob gewürfelt

1. Das Brot in einer Küchenmaschine zerbröseln. Die Butter in einer Pfanne schmelzen. Brotbrösel, Haselnüsse und Zucker dazugeben. Das Ganze etwa 3 Minuten goldgelb und knusprig rösten, dabei häufig rühren. Den Zimt darunter rühren und die Nussbrösel beiseite stellen.
2. Inzwischen die Äpfel in einen Topf geben. 2 Esslöffel Wasser dazugeben und den Topf zur Hälfte zudecken. Die Äpfel bei mittlerer Hitze etwa 10 Minuten oder so lange garen, bis sie weich sind. Mit einer Gabel zerdrücken. Das Püree sollte nicht ganz feinmusig sein.
3. Einige Haselnussbrösel auf den Boden von 4 flachen Dessertschälchen streuen, das Apfelpüree darauf geben, dann die restlichen Brösel darüber streuen. Sofort servieren.

KLEINE PFIRSICHTARTES

Diese kleinen Tartes sind fantastisch einfach in der Zubereitung und ungeheuer attraktiv. Deshalb sind sie auch für Knirpse ideal, die sonst nicht so gerne Obst essen. Die Tartes können mit verschiedenen Fruchtsorten belegt werden: Äpfel, Birnen, Brombeeren oder Nektarinen – alle sind geeignet. Wählen Sie doch Ihr Lieblingsobst.

Ergibt 6 Stück
3 reife Pfirsiche
375 g Blätterteig
1 Ei, getrennt
6 EL Vanillepudding
1 EL feiner brauner Zucker zum Bestreuen

1. Den Backofen auf 200 °C vorheizen. Ein großes Backblech mit Backpapier auslegen.
2. Die Pfirsiche in eine große Schüssel legen, mit kochendem Wasser überbrühen und 30 Sekunden ruhen lassen. Sie dann mit einer Schaumkelle aus dem Wasser heben. Wenn sie etwas abgekühlt sind, die Haut abziehen. Die Pfirsiche vierteln, dabei den Stein entfernen. Die Früchte in Scheiben schneiden.
3. Den Blätterteig ausbreiten und 6 Kreise (8 cm Durchmesser) ausschneiden. Die Kreise auf das Backblech legen und mit Eiweiß bestreichen. Je 1 Esslöffel Pudding in die Mitte geben, dabei einen 2 cm breiten Rand frei lassen.
4. Die Teigränder nach innen einschlagen und den Teig mit Eigelb bestreichen. Die Pfirsichscheiben auf den Vanillepudding legen und mit ein wenig Zucker bestreuen. Die Tartes etwa 15 Minuten goldbraun backen, dabei gehen sie auf.

INFO BOX

Die hirnschützenden Antioxidantien Vitamin C und Betacarotin kommen in diesem Rezept aus den **Pfirsichen**.

MANGOCREME

Diese Art von Creme wird in der angelsächsischen Küche „Fool" (Dummkopf) genannt. Dennoch fördern die Vitamine und Mineralstoffe in diesem Rezept Konzentration und Aufmerksamkeit.

Für 4 Personen
1 große Mango, geschält, halbiert, ohne Kern
200 g Schlagsahne
2 TL Puderzucker
4 EL Bio-Naturjoghurt

1. Von der Mango 4 Scheiben zum Garnieren abschneiden. Den Rest in Stücke schneiden und in der Küchenmaschine oder im Mixer fein pürieren.
2. Sahne, Zucker und Joghurt darunter mixen.
3. Die Creme in 4 Gläser geben und etwa 1 Stunde in den Kühlschrank stellen. Dabei wird sie etwas fester.

INFO BOX

In **Sahne** stecken Eiweiß, Calcium, Tryptophan und B-Vitamine. Doch aufgrund ihres hohen Fettgehalts sollte sie nicht jeden Tag auf der Speisekarte stehen und besonderen Gelegenheiten vorbehalten bleiben.

ZITRONENPUDDING

Dieses Dessert schmeckt intensiv nach Zitrone. Während des Backens wird es an der Oberfläche leicht schaumig, am Boden bleibt es cremig und ähnelt dem typisch englischen Lemoncurd. Zitrusfrüchte sind oft behandelt, um sie zu konservieren. Kaufen Sie unbehandelte Früchte oder – falls Sie diese nicht finden – bürsten Sie die Schale mit Spülmittel und heißem Wasser ab. Danach gründlich nachspülen.

Ergibt 6 Stück
50 g Butter plus extra Butter zum Fetten
100 g feiner brauner Zucker
abgeriebene Schale und Saft von
2 unbehandelten Zitronen
3 Eier, getrennt
100 ml Milch
knapp ½ TL Backpulver
40 g Mehl

1. Den Backofen auf 180 °C vorheizen. 6 Auflaufförmchen fetten.
2. Butter und Zucker mit einem Handrührgerät oder einem Mixer zu einer hellen, glatten Creme aufschlagen. Nach und nach die Zitronenschale und den –saft darunter rühren. Die Creme kann etwas flockig werden, das ist jedoch nicht problematisch.
3. Die Eigelb einzeln unter die Creme schlagen, dann Milch und das mit Backpulver gemischte Mehl darunter rühren.
4. Das Eiweiß in einer sauberen, fettfreien Schüssel steif schlagen, unter die Zitronenmischung heben und gleichmäßig darunter ziehen. Die Mischung in die Auflaufförmchen füllen und die Förmchen in ein tiefes Backblech stellen. So viel heißes Wasser in das Backblech geben, dass die Förmchen halb hoch im Wasser stehen. Die Puddings etwa 25 Minuten bzw. so lange backen, bis sie aufgegangen und goldbraun sind.

INFO BOX

Eier enthalten Eisen. Dieses Mineral ist für eine gesunde Gehirnfunktion wichtig.
Ein Eisenmangel wird mit Konzentrationsschwäche und Depression in Verbindung gebracht.

BIRNEN-VANILLE-NACHTISCH

Dieses leichte Dessert ist dem französischen Clafoutis ähnlich. Es schmeckt warm besonders gut.

Für 4–6 Personen
Butter zum Ausfetten
6 EL feiner brauner Zucker
2 reife Birnen, geschält, ohne Kerngehäuse
und in Scheiben geschnitten
Saft von ½ Zitrone
4 Eier
300 g Schlagsahne
300 ml Vollmilch
1 Prise Salz
60 g Mehl

1. Den Backofen auf 200 °C vorheizen. Eine Backform oder Auflaufform (20 cm Durchmesser) fetten und mit 1 Esslöffel Zucker ausstreuen.
2. Die Birnenscheiben im Zitronensaft wenden, damit sie nicht braun werden. Dann in die Form legen.
3. Eier, Sahne, Milch, Salz, Mehl und restlichen Zucker in einer Küchenmaschine glatt und schaumig rühren. Die Mischung über die Birnen gießen.
4. Das Ganze 30–35 Minuten backen, bis die Oberfläche goldbraun geworden ist. Der Teig sollte noch ein bisschen wackelig sein. Er wird beim Abkühlen fester. Warm servieren.

Variation
Die klassische Version dieses Nachtischs enthält Kirschen. Dann anstelle der Birnen 20 frische, reife, entsteinte Kirschen nehmen. Für andere Varianten die Birnen durch 2 Äpfel (geschält, ohne Kerngehäuse und in Scheiben geschnitten) oder 4 Pflaumen (halbiert und entsteint) ersetzen.

INFO BOX

In **Milch und Milchprodukten** befinden sich in großen Mengen Calcium und B-Vitamine. Tryptophan ist auch enthalten, einen Vorläufer von Serotonin. Dies ist eine Substanz, die einen beruhigenden Effekt auf das Gehirn hat.

KÖSTLICHE **DRINKS**

Ausreichend zu trinken ist für die Konzentration und ein klares Urteilsvermögen genauso wichtig wie das Richtige zu essen. Die Drinks in diesem Kapitel sind einfach zuzubereiten, schmecken prima und sind eine gute Alternative zu gekauften, oft recht zuckerreichen Getränken.

MANGO-BANANEN-SMOOTHIE

Smoothies sind weich, cremig, mild und damit echte Gaumenschmeichler – wie dieser tropische Energydrink. Er kann auch mit Nektarinen, Pfirsichen oder Pflaumen zubereitet werden.

Für 3–4 Personen

1 große Mango, geschält, entkernt und grob gehackt
2–3 Bananen, in Scheiben geschnitten
125 g Bio-Naturjoghurt
250 ml Milch

1. Mango, Bananen, Joghurt und Milch in eine Küchenmaschine oder einen Mixer geben und alles weich, glatt und cremig pürieren.

INFO BOX

Bananen enthalten viel Kalium, wichtig für die Weiterleitung der Nervenimpulse im Gehirn.

Bio-Naturjoghurt ist reich an Eiweiß, das das Gehirn anregt. Außerdem beeinflusst Joghurt das Verdauungssystem positiv und damit auch die Nährstoffaufnahme.

BANANARAMA

Dieser Drink ist sättigend, nahrhaft und genau das Richtige bei einem Leistungstief. Zusammen mit Vollkorntoast oder einem Muffin servieren.

Für 2 Personen

2 Bananen, in dicke Scheiben geschnitten
1 EL weiche Erdnussbutter
125 g Bio-Naturjoghurt
300 ml Milch
½ TL gemahlener Zimt

1. Bananen, Erdnussbutter, Joghurt, Milch und Zimt in einen Mixer geben. Alles glatt und cremig pürieren und dabei aufschäumen.

PFIRSICH-MELBA-SMOOTHIE

Die „Pfirsich Melba" zum Trinken liefert reichlich Vitamine, Mineralstoffe und Eiweiß, das den Geist stimuliert.

Für 2–3 Personen

3 Nektarinen, geschält, entkernt und grob gehackt
150 g Himbeeren
500 ml Milch
3 mittelgroße Kugeln bestes Vanilleeis

1. Nektarinen, Himbeeren, Milch und Eis in eine Küchenmaschine oder einen Mixer geben und alles cremig pürieren.

INFO BOX

Himbeeren enthalten Eisen, B-Vitamine und Vitamin C. Eine gute Eisenversorgung ist fürs Lernen wichtig. Vitamin C unterstützt die Resorption dieses Nährstoffs, wenn es gleichzeitig aufgenommen wird. Beeren liefern auch wirkungsvolle Antioxidantien, die Anthocyane.

INFO BOX

Orangen und Ananas enthalten Vitamin B_1 (Thiamin). Das Vitamin hilft, die Energie aus Kohlenhydraten zu verwerten und ist für Konzentration und Gedächtnis wichtig. Carotinoide und Vitamin C bekämpfen gemeinsam freie Radikale.

SUPERSAFT

Kinder, die morgens mit diesem Saft und einem Frühstück in den Tag starten, bringen ihren Energiespiegel nach oben. Auch das Erinnerungsvermögen profitiert davon. Wenn Eier zum Frühstück serviert werden, kann das Vitamin C im Saft die Aufnahme des darin enthaltenen Eisens fördern.

Für 4 Personen
1 kleine Mango, geschält, entkernt und grob gehackt
1 kleine Ananas, geschält, halbiert, Strunk entfernt und Fruchtfleisch grob gehackt
400 ml frisch gepresster Orangensaft

1. Mango und Ananas in einem Entsafter entsaften. Den Saft und den Orangensaft mischen. Sofort servieren, um den Vitaminverlust so gering wie möglich zu halten. Luft mindert den Vitamingehalt der Früchte, diese deshalb nach dem Schneiden, sofort entsaften.

POWERSAFT

Gemüse kombiniert mit Obst, frisch gepresst als Drink – damit können Sie kleine Gemüsemuffel überzeugen. Gleichzeitig versorgen Sie sie mit reichlich Vitaminen.

Für 2 Personen
4 Äpfel, ohne Kerngehäuse
2 große Karotten, geschält
1 Hand voll kernlose Trauben

1. Äpfel, Karotten und Trauben in einem Entsafter entsaften. Den Saft nach Belieben mit Wasser verdünnen und in 2 Gläser geben. Sofort servieren.

ORANGEN-SPRUDEL

Für diesen erfrischenden vitamin-C-reichen Drink lassen Kinder zucker- und koffeinreiche Limonaden jederzeit stehen.

Für 4 Personen
4 Orangen
2 EL Zitronensaft
kohlensäurehaltiges Mineralwasser

1. Orangen auspressen. Orangensaft und Zitronensaft in einem Krug mischen und in vier Gläser gießen. Kurz vor dem Servieren mit Mineralwasser auffüllen.

INFO BOX

Angst und Stress erhöhen den Spiegel an freien Radikalen im Körper, die die Leistung des Gehirns beeinträchtigen können. Antioxidantien in **frischem Obst und Gemüse** bekämpfen die schädigenden Wirkungen dieser freien Radikale. Bor, das in **Äpfeln** nachgewiesen wurde, hilft, optimistisch zu sein.

KOKOSNUSS-MANGO-SMOOTHIE

Der Drink ähnelt dem indischen Lassie und sättigt gut.

Für 4 Personen

1 große Mango, geschält, entkernt und gehackt
400 g Kokosmilch
250 ml stichfester Naturjoghurt
125 ml Milch
2 EL feiner brauner Zucker
1 TL gemahlener Zimt

1. Mango, Kokosmilch, Joghurt, Milch, Zucker und die Hälfte des Zimts in eine Küchenmaschine oder einen Mixer geben. Alles glatt pürieren und dabei aufschäumen. In 4 Gläser gießen und ein paar Eiswürfel dazugeben. Kurz vor dem Servieren mit dem restlichen Zimt bestreuen.

VARIATION

Kokosnuss-Bananen-Smoothie. Für dieses ebenso köstliche Smoothie die Mango durch 1 große Banane ersetzen.

INFO BOX

Joghurt ist eine gute Quelle für die Aminosäure Tyrosin, ein Vorläufer von Noradrenalin, das die Antriebskraft und die Aufmerksamkeit fördert. Joghurt liefert auch wertvolle Mengen des beruhigenden Magnesiums, sowie Calcium und B-Vitamine.

ZITRONEN-GERSTEN-DRINK

Diese Limonade, ein englischer Klassiker, ist reich an Vitamin C. Er enthält zwar etwas Zucker, aber viel weniger als eine gekaufte Limonade. Zitronen werden normalerweise zur Konservierung gewachst. Achten Sie auf unbehandelte Früchte.

Ergibt ca. 10 Portionen
225 g Perlgraupen
1 ¾ l Wasser
abgeriebene Schale von 1 unbehandelten Zitrone
50 g feiner brauner Zucker
Saft von 3 Zitronen

1. Die Perlgraupen unter kaltem Wasser abspülen und in einen großen Topf geben. So viel Wasser dazugeben, dass sie bedeckt sind und zum Kochen bringen. Die Hitze reduzieren und die Graupen etwa 20 Minuten köcheln. Dabei den Schaum, der an die Oberfläche steigt, abschöpfen. Den Topf vom Herd nehmen.
2. Zitronenschale und Zucker so lange darunter rühren, bis sich der Zucker aufgelöst hat. Abkühlen lassen. Die Flüssigkeit absieben und mit Zitronensaft mischen.
3. Nach Belieben nachsüßen. Vor dem Servieren kühl stellen.

ERDBEER-EIS-SMOOTHIE

Dieser cremige Drink ist nahrhaft genug, um zusammen mit einem Toastbrot ein sättigendes Frühstück zu sein. Sie können Naturjoghurt anstelle von Eis nehmen. Das reduziert den Fett- und den Zuckergehalt. Kurz vor dem Servieren zubereiten, damit der Nährstoffverlust so gering wie möglich ist. Wohl bekomm's!

Für 3–4 Personen
300 g Erdbeeren, große Früchte halbiert
300 ml Milch
½ TL gemahlene Vanille
3 mittelgroße Kugeln bestes Vanilleeis

INFO BOX

Milch enthält wertvolles Eiweiß, darunter die hirnstimulierende Aminosäure Tyrosin.

Erdbeeren sind eine gute Quelle für Vitamin C, Carotinoide und einige B-Vitamine.

1. Die Erdbeeren in eine Küchenmaschine oder einen Mixer geben und pürieren. Milch, Vanille und Eiskrem dazugeben und alles dickflüssig, cremig pürieren.

HONIG-BEEREN-SPRUDEL

Das Fruchtpüree ist eine zuckerarme Alternative zu Sirup und kann mit stillem Wasser oder Sprudel verdünnt werden. Gefrorene gemischte Beeren, die im Supermarkt angeboten werden, eignen sich dafür ideal.

Für 4 Personen

200 g gemischte TK-Beeren (Brombeeren, Himbeeren, schwarze Johannisbeeren und Erdbeeren)
2 EL flüssiger Honig
kohlensäurehaltiges oder stilles Wasser

1. Beeren und Honig in einen Topf geben und gut erhitzen, dabei gelegentlich umrühren. Die Früchte sollen ganz auftauen und sehr saftig werden. In einen Mixer geben und fast glatt pürieren.
2. Um Kerne und Schalen zu entfernen, die Früchte durch ein Sieb in eine Schüssel streichen. Den Saft in einen Krug geben. Im Kühlschrank abgedeckt abkühlen lassen. Zum Servieren ein Glas zur Hälfte mit Beerensaft füllen und mit Wasser auffüllen.

INFO BOX

Dehydration kann das Verhalten beeinflussen, indem es Konzentrationsmangel, Müdigkeit und Depression fördert. Ausreichend **Flüssigkeit** ist für Kinder wichtig, um während des Tages geistig fit zu sein.

INFO BOX

Magnesium in der Milch wirkt beruhigend. Deshalb sind Milchdrinks vor dem Schlafengehen ideal.

Mandeln enthalten diese Mineralstoffe ebenfalls. In ihnen stecken auch gedächtnisfördernde B-Vitamine, Omega-6-Fettsäuren und Zink.

NUSS-SHAKE

Ein bisschen Schokolade macht diesen gesunden schaumigen Milchshake so beliebt.

Für 2 Personen

40 g Mandelblättchen
2 Bananen, in dicke Scheiben geschnitten
300 ml Milch
2 EL bestes Trinkschokoladenpulver

1. Die Mandeln in einem Mixer fein mahlen. Bananen, Milch und Schokoladenpulver dazugeben. Dann alles glatt mixen und aufschäumen.

ECHTE SCHOKOLADE

Etwas wirklich Beruhigendes am Ende eines Tages! Warum Kakaopulver verwenden, wenn man Schokolade genießen kann?

Für 1 Person

250 ml Milch
20–25 g dunkle Schokolade, in Stücke gebrochen, plus geraspelte Schokolade zum Garnieren
1/2 TL Ahornsirup

1. Die Milch in einem kleinen Kochtopf erhitzen.
2. Die Schokolade in die Milch geben und so lange mit dem Schneebesen schlagen, bis die Schokolade geschmolzen und der Drink schön schaumig ist.
3. In eine Tasse gießen und den Ahornsirup darunter rühren. Vor dem Servieren mit ein wenig geraspelte Schokolade garnieren.

REGISTER

DANKSAGUNG

Die Autorin dankt folgenden Menschen und Institutionen, die sie bei diesem Projekt unterstützt und ermutigt haben.

Tony Steer vom Human Nutrition Research
Professor Peter Rogers, Psychology Head of Department, University of Bristol
Professor David Benton, Department of Psychology, University of Swansea
Beth Arkinstall, Senior Dietician, Bristol Children's Hospital
The Institute of Optimum Nutrition

Carroll & Brown Ltd. dankt folgenden Personen:

Herstellungsleiter: Karol Davies
DTP: Paul Stradling
Bildrecherche: David Yems
Foodstylistin: Lizzie Harris
Register: Caroline Smith

Bildnachweis:

Der Verlag bedankt sich für die Fotografie von Gareth Jones (S. 32, Bauernmarkt), die freundlicherweise zur Verfügung gestellt wurde von:
FARMA, The National Farmers' Retail & Markets Association,
The Greenhouse, P O Box 575, Southampton SO15 7BZ
Telephone 0845 230 2150